MUJER
DE
FORTALEZA

MUJER
DE
FORTALEZA

7 Secretos Para Mejorar Las Relaciones
de Pareja y de Familia

LUPITA CASTELLÓN

MISIÓN

PUBLICADO POR EDITORIAL MISIÓN

Copyright © 2023 por Lupita Castellón

Primera Edición: Diciembre 2023

ISBN LIBRO TAPA BLANDA: 978-1-958677-14-8
ISBN LIBRO TAPA DURA: 978-1-958677-15-5

MISIÓN

Editorial Misión publica libros simples y útiles para emprendedores, coaches, conferencistas, profesionistas, etc., con la intención de impulsarlos a transformar vidas con su mensaje. Nuestros libros son fáciles de crear y rápidos de leer, diseñados para solucionar un problema en específico. Editorial Misión ofrece un proceso sencillo para permitir que los emprendedores y dueños de negocios se beneficien de la autoridad que proviene de tener un libro, sin la molestia y el compromiso del tiempo normalmente asociado con definir, estructurar, escribir, corregir, editar, diseñar, publicar y promover su obra.

¿Tiene usted la idea de escribir un libro que transforme vidas?

Visite www.EditorialMision.com para más detalles.

Dedico este libro a mi esposo, José Castellón; a mis hijos, José Francisco Aguayo, Graciela Aguayo, José Castellón Jr, Edgar Castellón y Griselda Castellón Núñez; a mis nietas Jahayra Ruiz, Desh Ruiz, Gracielita Ovalle, Galilea Ovalle, Katalina Castellón; y a mi bisnieta Gianna García.

¡UN REGALO ESPECIAL PARA TI!

En agradecimiento por permitirme ser parte de tu viaje con la adquisición de este libro, tengo un presente exclusivo para ti.

Accede GRATUITAMENTE a mi Entrenamiento:

"3 Secretos Para Dominar La Comunicación En Pareja"

En él, descubrirás herramientas valiosas que complementarán tu aprendizaje y fortalecerán las habilidades de comunicación con tu pareja.

No dejes pasar esta oportunidad. Obtén tu obsequio ahora en:

www.LupitaCastellon.com/regalo

O escanea el siguiente QR:

ÍNDICE

AGRADECIMIENTOS

Deseo expresar mi agradecimiento. Primero, a Dios, por darme la oportunidad de vivir. A mi madre Graciela Zamora, quien me brindó la vida. A mi abuelita Petra Zamora, que fue la persona que me formó, con mis valores y el amor a los demás. A mi hermano Ernesto, por ser un ser extraordinario, y a mi hermana Nohemí de Jesús, que siempre estuvimos juntas, por ser mi cómplice en mis travesuras como niña. Ella representa mi orgullo, por ser tan inteligente, tan organizada en todos los sentidos, una mujer dedicada a sus hijos, madre ejemplar de gran corazón, protectora, fuerte y noble. Y en general, a todas esas personas que, en determinados momentos, me dieron de comer.

Extiendo mi gratitud, muy en especial, al hombre más maravilloso del mundo: a mi querido esposo, José Castellón. Hemos compartido más de 37 años juntos y su apoyo ha sido fundamental en todos mis proyectos. Le agradezco por ser un esposo comprensivo, padre ejemplar, un hombre trabajador dedicado a su familia. Mil gracias, porque sin su apoyo yo no hubiera podido servir y hacer lo que he hecho. Por su gran corazón, paciencia y dedicación. A pesar de enfrentar en estos momentos una enfermedad como el cáncer, su actitud y fortaleza son ejemplares. Te amo, te respeto, te honro y valoro cada día a tu lado. Sé que Dios está siempre contigo.

Agradezco también a mi papá adoptivo Tony, por ese cariño que siempre me tuvo, quien siempre cumplió mis caprichos de niña. Él, el único padre que realmente conocí, estuvo presente en cada momento, apoyándome en cada situación, siempre ahí para escucharme. A mi primer regalo de vida, mi primer hijo, José Francisco Aguayo. A mi hija Graciela, por ser una niña hermosa, una mujer trabajadora. A José Castellón Junior, por ser el hijo maravilloso. A Edgar Castellón por su nobleza y su amor. A Griselda Castellón por ser esa hija ejemplar y una niña llena de amor a sus padres, un milagro de vida por la manera en que nació.

No puedo dejar de mencionar a mis nietas, quienes me han convertido en la abuelita más feliz: Jahayra Ruiz,

Desh Ruiz, Gracielita Ovalle, Galilea Ovalle, Katy Castellón y mi bisnieta Gianna García, por su carisma único. Agradezco a mi yerno, José Luis Ovalle, por ser ese yerno bueno y ser un gran esposo y padre. A Joaquín Núñez, por su gran corazón. A Nady y familia, porque hacen feliz a mi hijo José Castellón. A Eva, por ser la nueva integrante de la familia.

Quiero agradecer también a todos los que hicieron posible el sueño de fundar CCIFA. Esta fundación sin fines de lucro no hubiera sido posible sin todos ellos. Pido perdón a mis hijos por tantas veces que los descuidé persiguiendo mis sueños. Ellos se levantaban desde las cuatro de la mañana para acompañarme a los campos migrantes a dar comida a los más necesitados, descargando tantos tráileres de comida para toda la comunidad y nunca dejaron de ser esos voluntarios siempre dispuestos a servir. Gracias a toda mi familia, gracias por ese apoyo incondicional en la misión de servir a quienes más lo necesitan.

Agradecimientos especiales para los voluntarios que me han ayudado en mi victoria:

La doctora Silvana y Arturo Rhoana, psicólogos internacionalmente reconocidos; Mery López-Gallo, directora de Univisión Radio; Marisa Ugarte de Corredor Bilateral, una organización sin fines de lucro de tráfico humano; María Elena Coronado *(Employment, Development, Department of the state of California)*, fue una de mis mentoras, una persona que me ayudó muchísimo, por ella llegué a ocupar las oficinas del Estado. Ester Refinjo, que fue también de mi mesa directiva de CCIFA; la licenciada Elsa Jiménez de Derechos Humanos; Roberto del Villar de la Border Patrol; Jenny Regula del FBI; Jessie Navarro de la fiscalía; Elisa Castañeda de *Toastmasters Internacional*; Lorena Amezcua; Judith Zepeda; Inés Contreras de Restaurantes Karina; Tommy Villarreal, empresaria; Reina Rodríguez, empresaria; Alberto y Susana Castro, voluntarios que todo el tiempo me apoyaron; María de Jesús Sánchez, una persona muy especial, junto con Rosario López que siempre apoyaron la fundación; Cristina González, de Tortillerías Gabriel; María Elena Fernández y Rosendo Fernández; Lalito Fernández; Lolita López; Julia Sánchez; Arturo Villa; Elizabeth Alvarado; Patricia Santos; Patricia Amarillas; Julia Sánchez; Blanca Hedayat; Mary Solís; Rosy Arce; Nacho y Alba Villanueva; Blanca Nieto; José Hernández, empresario, dueño de Mercado Selecta. Y muchos más, que aunque quisiera, me resulta imposible poner a todos aquí. Gracias a todos.

PRÓLOGO

¡Estás a punto de conocer una historia fantástica de vida! En *Mujer de Fortaleza* descubrimos que es posible extraer, desde la vulnerabilidad y la escasez económica, el combustible inspirador para salir de situaciones de inequidad, injusticia y pobreza. Lupita Castellón ha atravesado la adversidad y ha conocido el hambre, la carencia y la desolación en diversas etapas de su vida. Han sido su inquebrantable fe católica y su inmensa fuerza interior, los principales factores que la ayudaron a atravesar por escabrosos senderos, desde quedar huérfana de madre a la tierna edad de 7 años, vivió el abuso y el abandono, entre otras cosas, y venció al cáncer. Todas estas experiencias moldearon su carácter y lograron que hoy en día camine por verdes praderas.

Como una amante a la jardinería, ha cultivado cuidadosamente los aspectos de su personalidad, llegando a los recovecos de su interior librándose así de ataduras, rencores y sin sabores; y escogiendo por encima de todo celebrar la vida o dicho en las propias palabras de la autora "El amor, combinado con la empatía, la autoestima y la comunicación afectiva son las fuerzas transformadoras que nos ayudan a convertirnos en mejores seres humanos."

Mujer de Fortaleza es lectura obligada para todos los que queremos aprender a vivir en plenitud. Sin importar nuestro sexo, nivel económico o escolaridad. Así que te animo a iniciar esta aventura a tu autodescubrimiento, ya que sin duda aprenderás a través de estas páginas una nueva forma de apreciarte a ti mismo y a tus seres amados, ¡por medio de las enseñanzas de vida de esta hermosa *Mujer de Fortaleza*!

Mery López-Gallo
Directora de Empoderamiento de Televisa Univisión en San Diego, en donde produce y conduce además un programa de radio.

INTRODUCCIÓN

Nací en 1958 en Tijuana, Baja California Norte, en una colonia extremadamente humilde. Carecíamos de lo más básico: no había pavimento, electricidad, nada. Con el tiempo, la situación mejoró un poco, pero yo siempre estuve consciente de nuestras carencias.

Siempre fui una niña humilde, y en cierta forma, una defensora en mi vecindario. Cuando los niños se peleaban, venían a buscarme para que interviniera. Les decía, *"No se peleen, aquí todos somos hermanos"*. En realidad, éramos un grupo de niños de la calle; yo me crié en la calle. Recuerdo que una vez se incendió una casa y el fuego alcanzó a cubrir una cuadra entera.

Quedé huérfana a una edad muy temprana, a los siete años; éramos tres hermanos. Mi abuela se encargó de criarnos después de que mi madre muriera de un infarto.

Era una mujer excepcional; siempre la vi ayudar a los demás. Le ofrecía café y comida a quien lo necesitara. Pero ella también tenía que salir a trabajar.

Mi abuela ganaba en dólares, lavando y planchando ropa. A veces nos hacía acompañarla a su trabajo en una casa adinerada, pero generalmente nos dejaba solos, con una peseta (veinticinco centavos de dólar). Con esa moneda, yo iba a la tienda y compraba un pequeño cartón de leche y seis conchitas.

Aunque yo era la hermana menor, sentía la responsabilidad de cuidar a mis hermanos. Partía mi porción de leche y conchitas en dos, compartiendo la mitad con cada uno de ellos. Pasábamos todo el día solos, ya que mi abuela salía a las seis de la mañana y no regresaba hasta la tarde. Me esforzaba por proteger y proveer para mis hermanos en su ausencia.

Yo asistía a una escuela pública, que estaba llena de amor. De camino, había un señor que vendía caldo de abulón en pequeños vasos. Muy astuta, yo le proponía jugar "voladitos" y, si ganaba, me regalaba un vaso del caldo. Él siempre "perdía," y sé que lo hacía para ayudarme. A ese hombre le guardo un cariño especial; me permitía tener algo en el estómago para poder estudiar.

Entendí algo vital en esa época: **un niño con hambre no puede aprender.** Muchas veces, yo daba todo mi desayuno a mis hermanos porque sabía que pasarían el día solos. En esos días, me costaba mucho concentrarme en la escuela. Por eso, me rompe el corazón pensar en los pequeños que van a clases sin haber comido.

Durante los recreos, recuerdo que organizaba juegos de lotería. Los demás niños ponían una "entrada" para participar. Con lo que ganaba, me compraba una torta. Y si veía que alguno de mis compañeros tenía hambre, siempre compartía un pedazo de mi comida. Eso me hacía inmensamente feliz.

Al regresar a casa después de la escuela, las condiciones seguían siendo difíciles. No teníamos refrigerador ni televisión, solo un pequeño radio. Dejaba mis cuadernos y me dirigía a la casa de los vecinos. Allí ayudaba con las tareas del hogar: barría, trapeaba, cuidaba a los niños. A cambio, me daban un taquito, que me servía para saciar el hambre hasta que mi abuela regresara.

Tengo unos padrinos que respeto y aprecio mucho, María Elena Fernández y Rosendo. Ella daba clases de costura y, mientras yo cuidaba a sus hijos, a veces me daba algo de comer. Pero había ocasiones en que, por muy ocupada que estuviera, no podía alimentarme.

En otras casas donde ayudaba, a veces me decían que me fuera cuando llegaba la hora de comer. Regresaba a mi casa llorando de hambre. Aún recuerdo el olor de la sopa de fideo en esas casas; para mí, ese aroma era como un manjar inalcanzable. Me duele recordar esos momentos de rechazo.

Crecí en un ambiente difícil. Mis hermanos y yo enfrentamos distintas luchas. Mi hermano mayor cayó en las garras de las drogas y se hizo adicto. Mi hermana, en cambio, se mantuvo en casa y evitó problemas. Desde pequeña, sentí que mi misión era ayudar a los demás.

Vivíamos en una zona complicada. Todos los días, al salir a la escuela, pasaba por una esquina donde siempre encontraba jeringas tiradas y rastros de drogas. Esto me infundía un gran temor, pero también fortalecía mi deseo de marcar una diferencia en el mundo.

En casa, las cosas no eran mucho mejores. Mi abuela, la única figura materna que tuve, estaba casada con Tony, un hombre alcohólico, quien ocasionalmente la golpeaba e insultaba, quebraba nuestros escasos utensilios y creaba un ambiente tóxico. Yo me ponía en medio para protegerla.

Recuerdo un episodio muy particular. Una noche, Tony estaba tan ebrio y violento que, impulsada por el miedo y la necesidad de calmarlo, le compuse una canción en el momento. *"Duérmete mi niño, porque viene el Cucu Cucuy"*, le canté. Milagrosamente, se quedó dormido. Mi abuela y yo nos miramos, impresionadas y aliviadas.

A pesar de su alcoholismo y su comportamiento violento, siento agradecimiento por Tony. Él me adoptó y me dio su apellido. Me trataba con un cierto grado de afecto que no mostraba hacia mis hermanos. Siempre lo seguía cuando salía con sus amigos borrachos, temiendo que algo malo le sucediera. Y algo que siempre valoraré de él es que, por más borracho que estuviera, nunca abusó de nosotros. Eso es algo que no puedo dejar de agradecerle.

Pasé mi infancia viendo las luchas que enfrentaba mi familia y a mi abuelita, la mujer más fuerte que conocía, soportando el abuso de su esposo. Yo le preguntaba por qué se quedaba con él, y ella simplemente decía: *"Si lo dejo, ¿a dónde nos vamos? Esta es nuestra casa"*.

Esa experiencia me enseñó mucho sobre la **fortaleza** y la **resiliencia**. Comprendí por qué hay tanta violencia en el mundo y por qué algunas personas se sienten atrapadas en situaciones difíciles. Pero también aprendí a formarme a mí misma, a construir mi autoestima desde una edad temprana. Nadie me enseñó qué era la autoestima; lo descubrí sola.

El amor de mi abuelita fue una fuerza poderosa en mi vida. Ella nos llamaba "sus palomas" a mi hermana y a mí. Nos daba tanto amor que llenaba mi corazón. Creo que eso me preparó para amar al prójimo y para transformar mi dolor en algo constructivo.

Recuerdo que mis compañeros de escuela me insultaban por mi apariencia. Me llamaban "fea" y "ojona", pero siempre me decía a mí misma que era hermosa por dentro. Esa autoafirmación me empoderaba y me hacía sentir fuerte, incluso desde pequeña.

La vida que tuve fue dura: llena de dolor, miedo, hambre y sacrificio. Pero esos momentos difíciles también se impregnaron de falta de amor y comprensión que me dejaban con un sentimiento de impotencia y tristeza. Sin embargo, esos desafíos me forjaron, y son parte integral de quien soy hoy en día.

Pese a las circunstancias, siempre tuve una perspectiva positiva. Me refugiaba en la idea de que era "bonita por dentro", y esto me daba fuerzas. Decidí que, **cuando fuera mayor**, haría algo para que ningún niño pasara hambre o viviera rodeado de violencia y drogas. Esta convicción se convirtió en el motor de mi vida, impulsándome a ayudar a los demás siempre que podía.

Hoy, estoy comprometida a ayudar a otros que están pasando por lo que yo viví. He convertido mi dolor en fortaleza, y sigo diciéndome a mí misma que soy hermosa por dentro, independientemente de lo que digan los demás.

Lo verdaderamente importante es identificar lo que sientes en tu interior, eso que te duele, y sacar esa emoción. Eso me ayudó. Imagíname, huérfana de madre y de padre, viviendo con mi abuelita que trabajaba y no podía cuidarnos todo el tiempo.

Algunas de las veces que la acompañé, una de las niñas de la casa donde trabajaba, que tenía mi edad y asistía a escuela privada, igual que sus hermanos, pedía que me quedara con ella el fin de semana. Allí, algunos miembros de la familia jugaban básquetbol y me enviaban a buscar la pelota con desprecio, gritándome "*ve por la pelota, ojona"*. Y así, cada vez que necesitaban algo, esa era la manera cómo me pedían que se los llevara. Me trataban mal, con palabras despectivas, pero yo permanecía callada y obedecía.

Un día, ya en mi etapa adulta, en la Universidad Iberoamericana de Tijuana, me reencontré con una de las personas que me había tratado mal en mi infancia. Un amigo me preguntó si necesitaba una secretaria y le dije que sí. Cuando vi sus ojos, me dije: *"esos ojos yo los conozco, esos ojos…"*, pero no recordaba de dónde. Y de pronto, la reconocí. Era esa niña de donde trabajaba mi abuelita, que me trataba mal. Entonces mil emociones se me juntaron. Ahí estaba, la hija de Petra, la "ojona" a quien la enviaban a traer la pelota, ahora dándole trabajo a aquella hija de familia adinerada que la había tratado mal. Decidí no repetir su patrón y mi trato a ella siempre fue con amor, porque es ahí donde está el poder del cambio.

Nunca podrías imaginar cómo da vueltas la vida. Ella, la mujer que me llamaba "ojona" y me enviaba a traer la pelota con desprecio, terminó trabajando como mi secretaria, en mi propia fundación. Un día, la conversación llevó a una revelación. Le dije: *"Tú eres la hermana de Goyo, ¿verdad?"*. Ella asintió. *"¿Sabes quién soy? Soy Lupita, la hija de Petra"*, continué. La incredulidad se dibujó en su rostro. "*¿Tú eres la hija de Petra?*", preguntó asombrada. "*Sí, soy la 'ojona' a la que insultabas y humillabas*", le confirmé.

Ella me abrazó y pidió perdón, quedando sin palabras. Parecía impactada al ver cómo esa niña desamparada, huérfana y sin recursos, ahora encabezaba una fundación benéfica. Me preguntó por qué había creado la fundación. Le dije: "*Lo hice porque veo muchas necesidades en las familias. Recuerdo cómo me trataban mal y cómo eso me dañaba. Prometí que cuando fuera grande, haría algo por los niños, las familias y los adictos. Me propuse luchar por la justicia, y lo he hecho con amor*".

Mi trayectoria de vida ha sido larga y llena de lecciones. Siempre tuve pequeños amigos en el barrio, niños pobres como yo. Los reunía y les decía: "*Vamos a ayudar*". Ellos me seguían. Cuando alguien los maltrataba, corrían hacia mí gritando: "*Lupe, Lupe, me pegaron*". Siempre he sido una salvadora, enfocada en ayudar a los demás, basada en mis propias necesidades y experiencias.

Comprender el dolor ajeno se ha convertido en una parte fundamental de mi vida. Estoy convencida de que cuando un niño siente hambre, hay que alimentarlo; y si vive en un entorno de violencia doméstica, eso lo marcará para siempre. **Entender el sufrimiento ajeno es algo que se graba en tu alma cuando tú misma lo has vivido.**

Tuve la suerte de tener a mi abuela y a un padre adoptivo en mi vida. Ella era amor y trabajo, él un adicto y alcohólico. Estoy segura de que Tony también fue abandonado y sufrió en su vida. No puedo juzgarlo, porque no conozco toda su historia. Sin embargo, estas vivencias me enseñaron a ver el mundo desde una perspectiva diferente. Me mostraron que lo bueno que puedes hacer por los demás dejará una huella imborrable en tu vida.

Me enfoco en la violencia doméstica porque **yo la viví**. Entiendo a una madre que se deja golpear para proteger a sus hijos. Comprendo lo que es tener un padre o un hermano adicto. Sé que si no te fortaleces a ti mismo, si no te reconoces y descubres tus propios talentos, nadie más lo hará por ti. A menudo, la otra persona simplemente no tiene la capacidad o el entendimiento para hacerlo.

Por todas estas razones, me apasiona compartir mi mensaje. Amo lo que hago y disfruto enormemente cuando voy a centros de rehabilitación para hablar con jóvenes. Les digo que no son culpables, que son víctimas de una mala situación, de una educación deficiente, de falta de recursos y de falta de conocimiento. Y eso es lo que me impulsa cada día: **hacer una diferencia en la vida de los demás.**

Entonces, ¿cómo pude convertir una vida llena de dificultades y retos en una historia de triunfo y superación?

Quiero hacerte una pregunta.

Si contara con una máquina del tiempo y pudiera enviarle a aquella niña de siete años, a mi yo más joven, **un manual de secretos** que le enseñara a construir una familia de lazos fuertes, ¿te interesaría contar con ese manual?

Pues bien, **lo tienes en tus manos.**

Ahí nace la motivación para la creación de este libro. Si tuviera la oportunidad de transmitirle a mi yo más joven los pasos precisos para formar una familia llena de relaciones fuertes y estables, este libro sería mi herramienta para hacerlo.

¿Estás dispuesta a escribir tu propia historia de transformación?

Entonces, ¡comencemos!

CAPÍTULO 1

EL AMOR ES LA RESPUESTA

Es verdad que a veces no entendemos por qué vivimos ciertas experiencias, y tampoco podemos prejuzgar a los demás sin conocer sus historias. Puede ser un patrón de conducta que hemos heredado. A menudo nos cuesta aceptar lo extraordinarias que somos, lo capaces que somos de cambiar la vida de otros, simplemente porque no reconocemos nuestros propios talentos y a veces, tampoco nos damos el reconocimiento a nosotras mismas.

La **autoestima** es fundamental en este proceso, ya que está en la base de nuestra mente, cuerpo, emociones y comportamiento. Es cierto, somos lo que ponemos en nuestra mente y en nuestro entorno. Y aunque la mente no tiene sentido analítico, lo que le pongas es lo que acabarás creando en tu vida. ¿Cómo puedes llenar tu mente de cosas buenas cuando has vivido con un padre abusivo o cuando has pasado hambre? La respuesta está en reconocer tus propios talentos, en saber que eres única y que nadie más en el mundo es como tú.

Yo, Lupita Castellón, soy un ejemplo de esa fortaleza. He vivido casi todo, desde el amor hasta el desamor, desde el divorcio hasta las relaciones insanas. He vendido tomates y chiles para salir adelante. Cuando has vivido en la pobreza, comprendes mejor las luchas de los demás. Pero la violencia y el sufrimiento no son exclusivos de ninguna clase social, y además, existen en todas las esferas de la persona: físicas, emocionales, psicológicas y económicas.

Por eso estoy preparada y, más que eso, soy una apasionada por ayudar y servir. Comprendo el dolor y sé cómo canalizarlo para hacer un bien mayor. Porque cuando te reconoces a ti misma, cuando te das cuenta de que cada ser humano es extraordinariamente capaz de hacer el bien, se despierta en ti un tipo de amor y compasión que te impulsa a actuar. Y en ese actuar, en ese servir, es donde verdaderamente nos encontramos a nosotras mismas.

Efectivamente, hay varios tipos de violencia y, lamentablemente, muchas veces no sabemos cómo identificarlos o enfrentarlos. Es ahí donde voces como la tuya se hacen necesarias, para decir "sí se puede", para transmitir un mensaje de esperanza y de acción.

Siempre he sostenido que **cualquiera que sea la pregunta, el amor es la respuesta.** El amor es una fuerza transformadora; es lo que te hace vulnerable, comprensivo, dedicado y empático. Es el amor lo que te permite ver las cosas desde otra perspectiva, entender que hay algo más grande en juego. Y aunque el concepto de amor puede ser difícil de entender a veces, cada uno de nosotros lo tiene dentro.

¿Cómo encontrar ese amor, especialmente si sientes que no hay amor en tu corazón? Ahí es donde entro yo, Lupita Castellón, con mi experiencia y mis conocimientos. Puedo enseñarte los secretos para cultivar el amor en tu vida. Porque el amor, combinado con la empatía, la autoestima, la comunicación efectiva y otros secretos que te descubriré más adelante, te transformará en un mejor ser humano, en una mejor joven, madre, hermana, o líder en tu comunidad.

Y quiero que sepas algo: no necesitas tener dinero o un título para hacer una diferencia en el mundo. Lo único que necesitas es **un corazón lleno de amor y gratitud.**

Es esa calidad interna la que te permitirá ayudar y servir a los demás. **Debes quererte y valorarte primero, descubrir tus talentos y enamorarte de lo que haces.** Al reconocer tus habilidades y admitir que eres única —pero también que hay personas como tú, e incluso mejores—, puedes aplaudirles, y a la vez sentirte gratificada por lo que haces, porque te lo mereces.

Recuerda siempre, todo lo que nos pasa en la vida ocurre por una razón. A veces pensamos que las experiencias negativas son simplemente eso: negativas. Pero es a través del sufrimiento que llegamos al entendimiento, y del entendimiento al amor. Y gracias a esas dificultades, también viene lo bueno. Porque incluso en los momentos más oscuros, hay lecciones que nos hacen más fuertes, más sabios y, sí, más llenos de amor.

Se dice que en las grandes batallas, en los momentos más oscuros, es cuando surgen las mejores ideas. Yo misma lo he experimentado. En mis episodios de depresión —porque sí, soy un ser humano como cualquier otro— es cuando escribo mejor, cuando las ideas fluyen de manera más intensa. A veces me despierto a las tres de la mañana solo para escribir, porque siento que esa es mi misión. Desde que tenía siete años, supe que mi misión en la vida era servir a los demás, estar al frente de la lucha por mejores relaciones familiares: entre padres e hijos, entre hermanos, para que cada uno sea una mejor persona en su núcleo más cercano.

Ahora, hablando de una historia específica donde haya podido hacer una diferencia, me viene a la mente una familia que conocí hace unos años. Se trataba de un hogar desgarrado por la violencia doméstica y la adicción. El padre era alcohólico, y la madre estaba tan sumida en su propio dolor que apenas podía cuidar de sus hijos. Uno de los niños estaba empezando a mostrar signos de conducta violenta en la escuela.

Me involucré directamente ofreciendo asesoramiento emocional y espiritual. Trabajamos en conjunto, identificando patrones de conducta, rompiendo ciclos de abuso, y sobre todo, estableciendo comunicación. Pero el cambio más significativo ocurrió cuando logramos que el padre ingresara a un programa de rehabilitación para tratar su alcoholismo. La madre también empezó a tomar terapia psicológica y los niños fueron inscritos en actividades extracurriculares que los ayudaron a encontrar un propósito más allá de su hogar problemático.

Fue un proceso largo y difícil, pero al cabo de un año, empezamos a ver cambios significativos. El padre había logrado mantenerse sobrio y estaba trabajando. La madre había encontrado un empleo y estaba más empoderada. Los niños, en particular el que presentaba signos de violencia, habían mejorado en la escuela y mostraban una actitud más positiva.

Esta familia me recordó por qué hago lo que hago, por qué sigo adelante, incluso en los momentos más oscuros. No solo confirmó la importancia de mi misión, sino que también me enseñó que el amor, la empatía y el compromiso pueden generar cambios significativos, incluso en las circunstancias más desesperadas.

En cierta ocasión, fui a Tijuana para visitar a una amiga muy querida. Cuando llegué, había otra persona con ella, una joven. De inmediato supe que necesitaba ayuda, pero como no la conocía, tenía que ser respetuosa y mantener la distancia. Al despedirme, me acerqué, toqué su hombro y le dije: "*Mucho gusto, si necesitas algo, estoy para servirte*", y le entregué mi tarjeta. Mi amiga, que también se llama Lupita, la animó a que hablara conmigo. "*Lupita Castellón te va a ayudar*", le aseguró.

En ese momento, la joven empezó a llorar. La abracé y le pregunté qué le ocurría. Me contó su terrible historia: había venido desde Phoenix, Arizona, huyendo de un hombre que la maltrataba y abusaba de ella. Este individuo, un ciudadano estadounidense, no quería firmar sus papeles de inmigración, y ella vivía aterrada. Estaba pálida, se veía mal, pero yo prometí que la ayudaría.

Tan pronto como crucé la frontera en San Ysidro, llamé a la fiscalía. Me puse en contacto con Jessie Navarro, una persona que siempre me había ayudado en casos de violencia doméstica. *"Tráemela a la fiscalía, la vamos a ayudar"*, me dijo. Jessie Navarro, quien ya está retirado, ha sido un pilar en mi trabajo y quiero reconocer su esfuerzo y dedicación. Gracias a él, pudimos hacer algo significativo por esta joven.

Al día siguiente, cumplí mi promesa y llevé a la joven a la fiscalía. Se inició un proceso para ofrecerle protección y recursos para empezar una nueva vida. Y aunque el camino fue largo y lleno de obstáculos, hoy puedo decir que ella se encuentra mucho mejor. Está reconstruyendo su vida, trabajando y estudiando. Y todo esto se logró gracias a una red de apoyo y, sobre todo, a la disposición de personas para ayudar y servir a otros. Este caso refuerza por qué hago lo que hago, y cómo el amor, el respeto y la empatía pueden cambiar vidas.

Tras conducirla a la fiscalía y hablar con Jessie Navarro, seguimos sus indicaciones para llevarla a una casa segura. Estas casas, cuyas ubicaciones son confidenciales para proteger a los residentes, ofrecen terapia y asistencia emocional. Jessie también intervino para cancelar cualquier obligación financiera que ella tuviera con su anterior vivienda. Le otorgaron una carta que confirmaba que era víctima de violencia, lo cual aceleró su proceso de inmigración. Gracias a una visa especial llamada "Visa VAWA" para víctimas de violencia doméstica, rápidamente obtuvo su residencia legal.

Con el tiempo, la joven se recuperó y se trasladó a otra ciudad para empezar una nueva vida. Perdí su rastro durante cinco años, hasta que un día recibí una llamada inesperada. "*Lupita, ¿te acuerdas de mí?*", me preguntó. "*Claro que sí*", le respondí. Nos encontramos al día siguiente en un *Jack in the Box* de San Ysidro. Cuando la vi, estaba transformada; era una persona completamente diferente.

Nos abrazamos y, mientras comíamos y tomábamos un refresco, comenzó a contarme su historia de recuperación. "*Comencé a trabajar, gané mucho dinero y construí mi propia casa en Phoenix, Arizona*", me platicó. Pero lo que más me emocionó fue cuando me dijo: "*Lupita, no solo me has ayudado a mí, has ayudado a mis hijos, a mis nueras y a mis nietos. Mis hijos ahora están muy bien económicamente. Me sacaste de la depresión y les diste un futuro a todos ellos".*

Le aclaré que el mérito también era de los psicoterapeutas y de todo el equipo que la apoyó, pero ella insistió: "*Si no hubieras sido la piedra angular, nunca habría pasado todo esto. Solo quería que supieras cuánto te agradezco y cuánto te quiero. Te llevaré en mi corazón por el resto de mi vida*", dijo antes de despedirse, emocionada.

Fue un momento poderoso que reafirmó mi misión y el impacto que podemos tener en las vidas de los demás. Ver **su transformación** fue algo maravilloso, un testimonio tangible del poder del amor, el respeto y la empatía para cambiar vidas. Este es el tipo de impacto que todos podemos tener si estamos dispuestos a ayudar y servir a los demás. Y por eso, cada vez que enfrento un nuevo desafío o encuentro a alguien en necesidad, pienso en ella y en cómo el amor y el apoyo pueden realmente transformar vidas.

Le compartí que, además de ayudar a los demás, me había convertido en psicoterapeuta. Sin embargo, también le confesé que la vida me ha presentado sus propios desafíos, como el hecho de que mi esposo padece de leucemia. Ella me preguntó: "*¿Cómo logras equilibrar tu dedicación para ayudar a otros con la atención a la salud de tu esposo?*" Le respondí que el equilibrio es posible cuando tienes pasión por lo que haces y amor en tu corazón.

"*Es cuestión de organizarse*", le dije. "*Mi esposo es una persona maravillosa que siempre me ha apoyado. Él entiende que ayudar a los demás me hace feliz, y ese apoyo es mutuo. Además, yo también soy una sobreviviente de cáncer, así que comprendo lo que él está pasando. He pasado por quimioterapia, he enfrentado la depresión y, gracias a Dios, he superado el cáncer. El de mi esposo aún no, pero él está lleno de amor y eso le da una fuerza extraordinaria. Creo firmemente que el amor y el apoyo mutuo nos dan la energía para enfrentar cualquier obstáculo.*"

Esta conversación me recordó que, incluso cuando tenemos nuestras propias batallas que lidiar, el poder de ayudar a otros es, en sí misma, una fuente de fortaleza. Y aunque se presentan desafíos, el amor, la pasión y el apoyo mutuo nos proporcionan la resiliencia para continuar. Mi esposo y yo encaramos la adversidad con amor, y eso nos ha permitido ayudar a otros, incluso en medio de nuestras propias luchas. Ese amor y apoyo mutuo, creo yo, es una forma divina de retroalimentación que nos brinda la energía para seguir adelante.

Pero no te imaginas el desafío tan difícil que tuvimos en uno de mis embarazos (te lo cuento a continuación)…

CAPÍTULO 2

UN EMBARAZO DIFÍCIL

Mi marido y yo estamos casados desde 1987, y hemos enfrentado juntos tanto los momentos felices como los difíciles. Además de mis desafíos de salud como diabética e hipertensa, viví una experiencia especialmente impactante durante un embarazo.

Empecé a sentirme mal y me llevaron al hospital, donde me diagnosticaron preeclampsia, una enfermedad que afecta a mujeres embarazadas, causando hinchazón y alta presión arterial. Pensé que estaría bien después de algún tratamiento, pero al día siguiente los médicos entraron corriendo a mi habitación, diciéndome que, debido a la gravedad de mi condición, contaba con solo doce horas de vida.

Llamaron a mi esposo y le plantearon una decisión angustiante: ¿a quién deberían intentar salvar, a mí o a nuestra hija por nacer? Mi esposo, con una convicción inquebrantable, respondió: "*A las dos. Solo Dios tiene la última palabra y yo sé que Él nos va a salvar a ambas*". Y así se mantuvo, incluso cuando los médicos insistían en una respuesta más definitiva. Él creció en un pequeño pueblo cerca de Guadalajara, con fuertes valores y una fe católica que compartimos.

Libré las primeras horas, los días pasaron y mi condición se deterioró. Finalmente, llegó el momento de la cesárea. Me llevaron al quirófano, donde me anestesiaron solo de la mitad del cuerpo para abajo. Podía ver y escuchar a los médicos, algunos hablando en español, otros en inglés, discutiendo sobre lo crítica que era mi situación. Escuché palabras como "infarto" y "está al máximo". En ese momento, cerré los ojos y elevé una plegaria: "*Señor, que se haga tu voluntad. Tú sabes que tengo una misión importante que cumplir*".

Justo cuando los médicos decían que el infarto era inminente, escuché un pequeño ruido, como el maullido de un gatito: era mi bebé. Había nacido. Y en ese instante, supe que ambos estábamos a salvo, gracias a una combinación de fe, amor y un esposo que nunca dejó de creer que sobreviviríamos.

Pero el pánico había llenado la sala de operaciones cuando los doctores exclamaron que estaba en peligro inminente de sufrir un infarto. El ambiente estaba cargado de tensión mientras agarraban a mi bebé recién nacida, quien pesaba apenas dos libras y enfrentaba una condición de mucha fragilidad. Mi esposo, con las manos temblorosas, pero llenas de esperanza, recibió a nuestra pequeña hija y corrió hacia el elevador para llevarla a terapia intensiva neonatal. Todos sabían que cada segundo contaba.

Mientras tanto, en el quirófano, los doctores me miraban con incertidumbre. Se intercambiaban miradas, como si no pudieran creer que aún estuviera consciente. Incluso después de que me sacaron a la niña y comenzaron a suturarme tras la cesárea, la tensión en la sala era palpable. Me trasladaron a un cuarto muy frío que usualmente es el último destino para los pacientes en estado crítico. Aunque el ambiente era helado, yo me sentía extrañamente tranquila. Una enfermera me cubrió con una manta, y pese al frío, algo en mi interior me decía que todo iba a estar bien.

Una vez ahí, vino una enfermera y al ver que estaba parpadeando, me preguntó a quién quería ver. Sin dudarlo, le dije que quería ver a mi hija mayor, quien, además, estaba embarazada de mi primera nieta. Pronto, mi hija entró en la habitación, su cara era un poema de emociones contradictorias: alivio por verme consciente, pero temor por lo que pudiera pasar. Entonces yo le tomé la mano y le dije: *"Mija no te preocupes, Dios existe y aquí está conmigo, Él me operó, tú no te preocupes, todo va a estar bien"*, y de verdad, lo dije con todo el amor y la certeza que pude reunir. Mi hija me miró, sus ojos llenos de lágrimas, pero también, de un nuevo resplandor de esperanza.

En eso entró la enfermera corriendo, porque yo creo que pensaba que ya me había muerto. Observó el monitor, luego a mí, y parecía sorprendida. *"No puedo creerlo"*, exclamó antes de salir y volver con varios médicos. Aparentemente, mi presión había bajado dramáticamente, un cambio que atribuyeron al alivio emocional de haber visto a mi hija mayor. La enfermera, todavía en estado de asombro, me comentó, *"Usted no debería estar aquí"*, refiriéndose al cuarto designado para aquellos en estado crítico terminal.

Fui trasladada a una unidad de cuidados intensivos donde pasé muchas horas antes de ser movida a mi habitación regular. Aunque había sorteado el peligro inmediato, no estaba fuera de peligro por completo. Desarrollé neumonía y tuve que permanecer en el hospital por más tiempo.

Mi bebé, por otro lado, fue trasladada a la Unidad de Cuidados Intensivos Neonatales (NICU, por sus siglas en inglés). Su estado era crítico. Incluso mi cuñado, un médico internista muy respetado en Ensenada, dudó de su supervivencia. Me dijo ya años después: *"Cuñadita, te juro que cuando vi la condición de la niña, yo dije «esa niña cómo va a vivir si no tiene pulmones»"*. Pero mi esposo y yo nunca perdimos la fe. Siempre repetíamos, *"Va a vivir, va a vivir"*.

Mi hija pasó por 25 incubadoras, un recorrido médico que reflejaba su batalla por la vida. Cada onza que ganaba era una victoria, un motivo de celebración para las enfermeras y para nosotros. *"¡Una onza más!"*, exclamábamos como si hubiera ganado una medalla. Finalmente, pudimos llevarla a casa cuando pesó siete libras.

COMPLICACIONES

Durante este período de angustia y desafíos, mi esposo iba al hospital todos los días después del trabajo. Yo, todavía en recuperación y atendiendo a mis otros hijos, no podía visitarla tan frecuentemente. Pero la carga emocional era igual para ambos.

Un día nos hablaron por teléfono para informar que necesitaban hablar con nosotros. Mi esposo y yo sentimos un nudo en el estómago. Al llegar y ver una ronda de médicos esperándonos, intuimos que las noticias no serían buenas. Y así fue: nos informaron que había un 99% de posibilidades de que nuestra hija fuera invidente de por vida. Solo había un 1% de probabilidad de que la cirugía tuviera éxito. Miramos a los ojos del otro y, casi al unísono, dijimos: *"Que la operen"*. Los médicos nos mostraron un modelo de ojo para explicar que a nuestra hija le faltaban ciertos vasos sanguíneos en sus ojos, una situación muy arriesgada para cualquier tipo de cirugía.

Sin embargo, estábamos decididos, y quizás los médicos pensaron que estábamos locos. No obstante, entendían que la decisión final era nuestra y respetaron nuestra elección. Sabíamos que enfrentábamos un riesgo considerable, incluido el de perderla durante la operación, debido a las complicaciones de la anestesia.

Llegó el día de la cirugía, y allí estábamos, siguiendo a la ambulancia que transportaba a nuestra pequeña guerrera. De la mano y rezando, recordamos todas las buenas acciones y amor que habíamos dado al mundo, confiando en que Dios nos favorecería. Sentíamos que nuestra hija tenía una misión especial en este mundo, y estábamos decididos a darle todas las oportunidades para cumplirla.

Finalmente, llegamos al segundo hospital donde la cirugía se llevaría a cabo. Fue allí donde conocimos al Dr. Brown, el cirujano que asumiría el caso de nuestra hija. *"Soy el médico que operará a su hija"*, dijo con un aire de seriedad, pero también de comprensión. *"Una vez que haya terminado la cirugía, saldré y les informaré del resultado."*

Con el corazón latiendo fuerte en el pecho, nos sentamos en la sala de espera, cada minuto parecía una eternidad. Nos tomamos de las manos y continuamos rezando, esperando.

Con esa seguridad del corazón de que Dios está contigo y que Dios es poder y que tu creencia es fuerte, pasaron muchas horas. No sabemos cuántas. De pronto, vi salir el doctor quitándose la mascarilla, rascándose la cabeza, y movía y movía la cabeza... ¡Imagínate! Yo lo vi desde lejos y dije: *"Pues, ¿qué pasó... por qué viene agachado... por qué mueve la cabeza... por qué se agarra el pelo?"* Cuando llegó ante nosotros, nos paramos de inmediato y casi le gritamos: *"¿Qué pasó? ¿Cómo está la niña?"* Y el doctor nos dijo: *"Yo no sé quiénes son ustedes... yo no sé qué es lo que hacen... pero sí les voy a decir algo... la operación fue todo un éxito... ¡Y su niña va a poder ver!"*.

Luego de la cirugía, regresamos al hospital donde nació, donde las enfermeras la trataban con tanto amor que la hacían sentir en un segundo hogar. Nos dábamos cuenta de lo mucho que ella respondía a nuestro amor y aliento, incluso en su estado frágil. Y aunque los desafíos continuaron —ella tenía un soplo cardíaco y necesitaba un monitor constante debido a episodios de apnea— nosotros, como padres, estábamos decididos a hacer todo lo necesario para que creciera fuerte y saludable.

Me matriculé en todos los cursos que pude encontrar sobre cuidados infantiles especializados, desde resucitación hasta manejo de equipos médicos. No dormía bien, siempre estaba alerta a la alarma del monitor, pues si sonaba, era porque mi hija había dejado de respirar. Esa alarma se oía por todos los rincones de donde vivíamos. Recuerdo que un día sonó tan fuerte que llegaron los bomberos, pensando que algo terrible había sucedido.

Con el tiempo, y tras superar múltiples obstáculos, nuestra hija empezó a mejorar. Los médicos pudieron eliminar el monitor cardíaco. Incluso tuvo que someterse a una operación de oído porque no podía escuchar bien. Después de esa cirugía, aunque no oye perfectamente, se encuentra increíblemente bien.

Y así, nuestra Griselda, que desde pequeña había demostrado una fuerza de voluntad y una pasión por ayudar a los demás que iba más allá de su corta edad, tomó una decisión que nos llenó de orgullo: quería ser psicóloga especializada en niños con necesidades especiales y autismo. Para mí, como madre, escucharla hablar con tal determinación y amor por lo que quería hacer, era el reflejo de todos esos años de lucha, de amor incondicional, de noches sin dormir y de cursos de capacitación. Se trataba de la manifestación de un amor que había trascendido todas las barreras, todas las dificultades.

Ella y su padre se dedicaron a investigar universidades, a aplicar y a visitar campus. Y aunque fue aceptada en todas las universidades a las que aplicó, eligió la que consideró que sería su mejor plataforma para hacer el bien en el mundo, donde ella sintió que podría causar más impacto y a la vez recibir la mejor educación para alcanzar sus metas.

Para entonces, Griselda ya llevaba años de experiencia trabajando para el Estado, ayudando a jóvenes en situaciones difíciles a encontrar empleo, a prepararse para entrevistas de trabajo, incluso ayudándoles a elegir la ropa adecuada. Ella realizaba esta labor más allá de un simple trabajo; para ella, se trató de una misión de vida, de una pasión.

El día que la dejamos en su nueva casa para la universidad, me ahogaba en un mar de emociones. Por un lado, el orgullo desbordante de ver a mi hija luchando por sus sueños. Por otro, un sentimiento de vacío y de miedo a enfrentar la distancia que nos separaría. Pero siempre supe que debía ser fuerte por ella, y que más me valdría seguir impulsándola a creer en sí misma, a saber que es una guerrera, que tiene el poder de transformar su mundo y el de los demás.

Qué bendición fue saber que ella se mudó con una mujer que compartía nuestros valores, una persona que también vio en Griselda esa luz única que la hace especial. Y cuando llegó el día de su graduación, no solo estábamos nosotros, su familia, sino también esta maravillosa mujer que se convirtió en una segunda madre para ella durante su tiempo en la universidad.

Al terminar su carrera, Griselda tomó otra decisión significativa: regresar a San Diego para hacer su maestría. A estas alturas, ya tenía una relación seria. Un joven con dos maestrías, alguien que al principio me costó aceptar, pero que con el tiempo aprendí a querer como a un hijo más. Ahora llevan casi diez años juntos, han comprado una casa en San Jacinto, California, y siguen edificando una vida llena de amor y comprensión.

Es increíble ver cómo Griselda, aparte de tener su maestría, trabaja para el Estado y además ha iniciado su propio negocio de arreglos florales. Ella continúa su misión de ayudar a los demás, de estar al servicio de la comunidad. Y todo eso nació de un corazón lleno de amor, persistencia y la firme creencia en que ella podía hacer la diferencia.

Si hay algo que esta historia me enseña cada día es que el éxito de un hijo es el mejor regalo para un padre. El verdadero éxito no se mide en diplomas o en cuentas bancarias, sino en el amor, en la compasión, en la habilidad de transformar vidas para mejor, algo que Griselda logra cada día. Y esa es la recompensa más grande que una madre puede pedir: ver a su hija, que un día luchó por su vida con solo cinco meses y dos libras, convertirse en una mujer fuerte, independiente y amorosa que sigue haciendo el bien en el mundo.

Estoy eternamente agradecida por tener una familia tan funcional, unida por valores sólidos y un amor incondicional. Sé que muchas familias enfrentan disfunciones y desafíos, pero aquí está la prueba de que con amor y dedicación, se puede construir algo hermoso. Griselda es la personificación de eso, y cada día me siento más orgullosa de ser su madre.

Ahora que, si hablamos de cosas duras, lo que viene en el siguiente capítulo es algo que me duele mucho recordar... pero lo tengo que escribir.

Es algo que me cambió la vida por completo.

CAPÍTULO 3

HABLANDO DE COSAS MUY DURAS

Entiendo perfectamente el poder transformador de la comunicación. No solo en nuestras relaciones con los demás, sino también con nosotros mismos. Por eso siempre recomiendo buscar ayuda profesional, participar en ministerios de pareja, retiros espirituales y leer libros que nos ayuden a crecer emocional, psicológica y espiritualmente. No importa cuál sea el problema, siempre digo que **el amor es la respuesta.**

Ahora, sobre mi experiencia personal con la escritura de este libro... nunca imaginé cuán liberador sería. Durante años, incluso décadas, he almacenado dolor que nunca me atreví a enfrentar, ni siquiera en sesiones con psiquiatras o psicólogos. Pero al decidir escribir, al sacar esa 'garra' que estaba enterrada en mí, he encontrado una liberación tremenda.

Siempre he creído que *"el que no vive para servir, no sirve para vivir."* Y, de alguna manera, al escribir mi libro, no solo he estado sirviendo a los demás, sino que también he empezado un proceso de sanación para mí misma. Es un círculo virtuoso de servicio y autotransformación.

Sé que es devastador hablar de momentos oscuros como el suicidio, el abuso y la desvalorización. Sentía mucha vergüenza, pero al enfrentar estos demonios, me he liberado y, quién sabe, quizás haya abierto un camino para que otros hagan lo mismo. Por eso, aunque escribir sobre estos temas me duela hasta el pecho, estoy agradecida por la oportunidad que Dios me ha dado para liberar estas emociones y experiencias a través de estas letras.

Escribir este libro ha sido tanto un regalo para mí, como un faro de esperanza que espero que alumbre el camino de los demás. Y por eso, le doy gracias a Dios. Estoy emocionada por lo que vendrá y ansiosa de compartirlo contigo.

LA HISTORIA
QUE CAMBIÓ MI VIDA

Entonces, ahí estaba yo, en un evento de lucha libre al cual mi amiga me había llevado casi a fuerzas. No me gustaba la violencia del deporte, pero finalmente cedí ante su insistencia. El esposo de mi amiga luchaba esa noche, y ella no quería ir sola. A pesar de la advertencia de mi abuelita, quien también consideraba que estas luchas eran pura violencia, decidí acompañarla.

Esa noche, vi por primera vez cómo es este mundo de la lucha profesional. Aunque la habilidad del esposo de mi amiga era innegable, no podía evitar sentir una especie de rechazo hacia todo el ambiente. Finalmente, el evento terminó, y otros luchadores tomaron el escenario. Fue entonces cuando un hombre se sentó detrás de mí.

Siempre he sido una persona seria, observadora y callada. No me gustan los escándalos y mucho menos, la falta de respeto. Este hombre, que resultó ser uno de los luchadores, me disgustó desde el momento en que lo vi luchando. Su estilo era violento y desconsiderado con su oponente. En un momento dado, me levanté de mi silla y al intentar sentarme de nuevo, sentí cómo este hombre jaló mi silla hacia atrás. No lo pensé dos veces, lo miré con desaprobación, recuperé mi silla y me senté.

Después de eso, el luchador le preguntó a mi amiga sobre mí. Ella, sabiendo cómo soy, intentó disuadirlo diciendo que soy una mujer muy seria y que probablemente no tendría interés en conocerlo. Y ella tenía razón. Le expliqué a mi amiga lo mucho que me había disgustado su comportamiento tanto dentro como fuera del ring. *"Eso no lo hace un caballero"*, le dije, *"no me lo presentes"*.

Bueno, la cosa es que él insistió tanto, pero tanto, tanto, que a cada momento le decía a mi amiga: *"¡Preséntamela, preséntamela!"* Y mi amiga le decía *"Lupita no va a querer. Lupita es una muchacha muy recatada y no te va a hacer caso"*.

Un día, mi amiga vino a mi casa y me dijo que su suegra quería hablar conmigo. Cuando llegué a su casa, me encontré con que él estaba detrás de la puerta, lo cual me molestó mucho. Pero insistió en que solo quería ser mi amigo.

A pesar de mis reservas iniciales, su educación y cortesía comenzaron a llamar mi atención. Era amable, guapo y me trataba muy bien. Finalmente, cedí ante su persistencia. Nos hicimos novios, y cuando cumplí 15 años, él cumplió su palabra de "robarme", como decía en broma. Nos fugamos, y mi abuelita y Tony, aunque molestos al principio, aceptaron nuestra relación cuando él aseguró que se casaría conmigo.

Nos casamos, y los primeros días fueron maravillosos. Me sentía amada y valorada, algo que nunca pensé que encontraría en un hombre que me había disgustado inicialmente. Pero después de un tiempo, las cosas cambiaron drásticamente, especialmente después de quedar embarazada de mi primer hijo. Comenzó a tratarme mal, a ignorarme. Sentía como si me tuviera rencor.

Mi situación con él se complicó aún más después de que quedé embarazada por segunda vez. Mientras que él fue un padre ejemplar para nuestro primer hijo, conmigo la relación siguió deteriorándose. Los malos tratos eran cada vez peores; en una ocasión llegó a lanzarme un reloj en la espalda. Decía que no quería otro hijo y su actitud hacia mí se volvió aún más hostil. Durante el embarazo, me trataba como si fuera la criada, sin respeto ni consideración.

Mis sentimientos estaban hechos un desorden completo. Tenía solo 16 años, una niña criada en casa que había entrado en un mundo adulto demasiado pronto. A pesar de mi juventud e inexperiencia, siempre me esforcé por hacer lo mejor para mi familia, para mantener la casa limpia y cuidar de nuestros hijos. Pero él no parecía apreciar nada de esto. Era narcisista, siempre preocupado por su apariencia y completamente desinteresado en cómo me sentía.

Con cada palabra hiriente y cada acto de indiferencia, sentía cómo se desmoronaba mi autoestima. Tenía miedo, mucho miedo. No solo por mí, sino por el bienestar de mis hijos. Él vivía en un mundo aparte, disfrutando de lujos personales mientras yo me desvivía por mantener un hogar que cada vez me parecía más ajeno. A pesar de que había trabajado como modelo desde los 13 años, mi autoestima estaba por los suelos debido a su constante desprecio.

Mi mente era un torbellino de pensamientos y emociones,

cada vez más oscuros y complicados. Aunque tenía a mis hijos, que eran mi mundo, me sentía como si estuviera en un camino sin salida. La vida, que una vez me había parecido llena de posibilidades, ahora no tenía sentido para mí.

Era una realidad dolorosa y aterradora: estaba atrapada en una relación tóxica sin saber cómo liberarme. Pero lo peor de todo era que, en algún rincón de mi ser, me temía que quizás este era el destino que me esperaba, y eso era lo más aterrador de todo.

La llegada de mi segunda hija se convirtió en una de las experiencias más complicadas y emotivas de mi vida. Me acuerdo de que no me quería llevar al hospital ya para dar a luz. Le tuve que suplicar llorando *"¡Ya voy a tener al bebé! ¡Llévame por favor!"* Pero él seguía ahí, inmóvil, casi como si disfrutara viendo mi angustia.

Cuando por fin decidió moverse, con toda su indiferencia y desenfado, me llevó al hospital. Nos dirigimos al Seguro Social de Tijuana.

Allí estaba él, justo a mi lado, en ese instante crítico, como una sombra vacía de emociones. Me entregaron los zapatos especiales para entrar al quirófano, y en ese estado avanzado de mi embarazo, agacharme parecía una misión imposible. En medio de mi lucha, una enfermera pasó, mirando la escena con una mezcla de incredulidad y desaprobación.

Dirigiéndose directamente a él, le dijo: "*Oiga, usted es el esposo de ella, ¿verdad? ¿Por qué no le está ayudando? Ella está a punto de dar a luz, ¿qué no ve? ¡Haga algo, por Dios!*"

Esas palabras, dichas en un tono que no admitía discusión, parecían haberlo sacado de su indiferencia momentáneamente. A regañadientes, se agachó y me puso los zapatos de quirófano.

Cuando entré al quirófano, de inmediato nació mi bebé; una niña hermosa, con ojos azules, de pelo largo, una niña muy bonita, pero parecía que él no quería que esa niña naciera. Eso me dolía mucho más. Él no había querido otro embarazo y me echaba la culpa a mí. Yo me sentía muy mal, me sentía traicionada.

Al siguiente día, cuando vio a la niña, se dio cuenta de que era la misma cara de su abuela paterna. Solo dijo: "*Igualita a mi abuelita*". De ahí, claro, ya aceptó a la niña.

A pesar de este nuevo afecto hacia ella, mi situación

no mejoró. Él fue un gran padre con mis hijos, ellos lo saben. Les daba todo su cariño; yo veía cómo los trataba, pero conmigo no, o sea, a mí me lastimaba por todo. Yo trataba de ser mejor y él no lo valoraba, no lo tomaba en cuenta.

Me esforzaba todo el tiempo por ser la mejor madre y esposa que podía, pero mis esfuerzos nunca fueron reconocidos ni valorados por él. Años después, llegué a entender que **el valor tiene que venir de uno mismo**, algo difícil de recordar cuando uno está emocional y psicológicamente desgastado.

Mi abuelita siempre fue una mujer de manos verdes, su jardín parecía una fiesta de colores y aromas. Un día le dije, *"Ay, Tita, quiero tener plantitas como tú en mi casa"*. Ella sonrió y me empezó a dar macetitas, pequeños tesoros que yo llevé con tanto cariño a mi hogar. Me convertí en una jardinera dedicada; cada maceta en mi barda era un mundo que yo podía nutrir y cuidar. Cada mañana, me levantaba con un entusiasmo que no encontraba en ninguna otra parte de mi vida, para arreglar mis plantitas.

Siempre tan estricto, tan serio. Nunca lo vi reír, siempre llevaba esa cara de dictador que podía arrugar un espejo.

Y, un día oscuro, él llegó en uno de sus habituales estados de enojo inexplicado, mientras yo estaba afuera, en mi pequeño paraíso verde. De pronto, empezó a lanzar mis amadas plantitas hacia un callejón como si fueran basura.

Ese gesto, ese momento, me destrozaron por dentro. Esas plantitas eran mi refugio, el único espacio donde podía sentir un poco de paz. El dolor que sentía al ser ignorada y maltratada por él se esfumaba un poco cada vez que regaba una planta, cada vez que veía una nueva hoja brotar. Pero él lo arruinó, como arruinaba todo lo bueno y puro en mi vida.

Él solo me tocaba cuando quería algo, nunca había lugar para mis emociones o necesidades. Me veía como un objeto más en su casa, y no podía soportar que tuviera algo que me hiciera feliz. Entonces, cuando arrancó ese pedazo de mi alma que había depositado en mis plantas, no pude hacer más que llorar. Lloré día y noche, durante días.

Hice un duelo por esas plantas como si fueran parte de mi familia, porque en cierto modo, lo eran. Me había refugiado en ellas, en su crecimiento, en su belleza sutil y sencilla, algo que estaba tan lejos de la vida que llevaba con él. Me dolía hasta el tuétano y solo quien ha sentido un vacío tan grande me podría entender.

Nunca me ofreció una pizca de amor ni ternura. Yo no era más que un objeto destinado a satisfacer sus necesidades, especialmente cuando buscaba placer. Vivía para sí mismo, en un mundo de egoísmo, ejercicios y lucha, sin espacio para mí. *"El gimnasio es de hombres"*, decía, como si su machismo justificara su indiferencia. Fue un largo camino hasta que entendí las dimensiones de ese machismo, de ese narcisismo que lo gobernaban. No me quiso, jamás me quiso, y asumir esa verdad me rompió el corazón. Sin embargo, gracias a ese hombre tuve a mis dos maravillosos hijos. Aprendí a verlo como un ser humano con un pasado complicado, incapaz de amar o comportarse adecuadamente. Pero no se detuvo ahí.

Un día, después de tantos años juntos, me dejó por otra mujer. Nos abandonó, a mis hijos y a mí. En ese instante, todo se volvió oscuro. Sentía que el suelo se abría bajo mis pies y no encontraba ni un rayo de luz en mi vida. Caí en una depresión tan severa que la muerte parecía el único escape. Me culpaba a mí misma; a fin de cuentas, había dado todo por mantener a flote nuestra relación y no fue suficiente.

Fue entonces cuando intenté suicidarme.

Me quise cortar las venas.

El abismo era profundo. Me encontraba sumida en una tristeza inmensa que destruía cualquier gramo de autoestima. Me preguntaba qué sentido tenía seguir viviendo si el hombre que había sido mi primer amor, el padre de mis hijos, me había abandonado. A mí, a la que había sido tan inocente, a esa niña que lo conoció a los 14 años y que a los 15 se fue con él. En ese momento tan bajo de mi vida, ya no importaban mis valores o mis deseos.

Sin embargo, algo dentro de mí reaccionó. No sé si fue el pensamiento de mis hijos, la memoria fugaz de la mujer fuerte que alguna vez fui, o simplemente un milagro divino… pero me arrepentí en el último momento. De alguna forma, encontré la fuerza para seguir adelante, para sobrevivir a ese naufragio emocional y encontrar tierra firme otra vez.

Pero el tiempo, ese gran sanador, continuó su marcha sin parar. Sobreviví a aquel pozo de desesperación y empecé a rehacer mi vida. Encontré trabajo en el aeropuerto y a pesar de las largas jornadas, de hasta diecisiete horas, sentía una especie de triunfo en cada día superado. Tenía que luchar por mis hijos, que quedaron en el cuidado amoroso de mi abuelita mientras yo trabajaba.

Pero incluso en ese renacimiento, la vida me lanzó otra

cruel prueba. Un día, mi hijo mayor cayó enfermo. Mi abuelita contactó a su padre, quien acudió y se llevó al niño. Ese fue el comienzo de otra larga pesadilla.

Cuando regresé a casa, mi abuelita me explicó lo sucedido. A partir de ese momento, mi hijo desapareció de mi vida. Intenté contactar con su padre, pero me dejaba esperando, ignorándome por completo. *"El señor todavía no llega"*, decía su secretaria, una y otra vez. Cuando finalmente pude confrontarlo, me soltó la frase más cruel que podía imaginar: *"Lo mandé a un orfanato"*.

Sentí como si el aire me faltara, como si todo el esfuerzo, todo el dolor, se hubiera convertido en una broma de mal gusto. *"¿Cómo puedes hacer algo así? ¡Yo tengo que trabajar porque tú no me ayudas!"*, le grité en la cara, pero su indiferencia permanecía inmutable.

Afortunadamente, mi posición en el aeropuerto me permitió tomar un permiso para buscar a mi hijo. Recorrí todos los orfanatos, hice todas las preguntas, seguí todas las pistas y aun así, no lo encontré. Cada día que pasaba sin saber de él se sentía como una eternidad. Imaginaba su rostro en cada niño que veía, me torturaba pensando si estaría abrigado, si tendría hambre. Mi hijo siempre había sido muy apegado a mí y pensaba en él cada noche. Me preguntaba constantemente: "*¿Quién lo estará cuidando ahora? ¿Quién se asegurará de que esté bien?*".

Las noches eran un calvario, un incesante flujo de preguntas sin respuestas, un vacío que ni siquiera el sueño conseguía llenar. "*¿Quién va a tapar a mi hijo? ¿Quién le va a dar de comer? ¿Cómo lo tratarán?*", esas preguntas me atormentaban, y no había un solo momento en que pudiera escapar de la angustia que me invadía.

EN BÚSQUEDA DEL HIJO

Un día, caminando por la calle Ocampo, en Tijuana, vi al padre de mi ex. Sentí un latido fuerte en mi corazón y lo detuve. "*Oiga, necesito su ayuda. Hace mucho que no sé de mi hijo y él no me dice nada*", le dije con el alma en un puño. "*Sé dónde está tu niño*", me contestó. "*Compra los boletos del avión y te llevaré con él*". Mis emociones estallaron; sentía que volvía a respirar.

A los días, le dije: "*Listo, ya compré los boletos: uno para usted, uno para mí y otro para mi niña. Nos vamos a Tepic*". En el viaje, iba con mi corazón palpitando en cada kilómetro que volábamos. Imaginé el reencuentro con mi hijo, el abrazo esperado, el amor no dicho pero sentido. Pero al llegar a Tepic, todo se desmoronó.

Él había mandado al niño de regreso a Tijuana antes de que llegáramos. La desilusión me golpeó como un tsunami, llevándose mi esperanza y dejándome de nuevo en un abismo de sufrimiento y búsqueda.

Al paso de un año, él había dejado a esa mujer por la que me abandonó. Ahora estaba casado con otra. Un día, decidí seguir a esta nueva esposa con todo el sigilo que pude reunir. Llegué hasta su casa y me armé de valor, toqué la puerta y, ¡vaya sorpresa para ambas! Nos reconocimos de inmediato. *"¿Tú qué haces aquí?"*, me dijo, y yo le contesté: *"Soy la exesposa de él. ¿Tú eres la actual?"*. Habíamos ido juntas a la misma escuela de niñas, vivíamos en la misma colonia. El destino nos había vuelto a cruzar, pero ahora como mujeres unidas por un mismo hombre y un destino complicado.

Le confié mi dolor, le hablé de mi hijo. *"Vine por él"*, le dije con el corazón en la garganta. Aceptó y llamó al niño. Y ahí estaba él, mi pequeño, mi vida. Nos abrazamos y en ese momento supe que no podría dejarlo ir otra vez. *"Me lo llevo"*, le anuncié, y ella asintió. *"No entiendo cómo pudo hacerte tanto daño"*, me dijo con sinceridad.

A pesar de recuperar a mi hijo, la felicidad fue efímera. Tuve que volver al trabajo y mi ex, aprovechando mi ausencia, volvió a llevárselo. Pero esta vez no iba a quedarme con los brazos cruzados. Hablé con mi jefe, un hombre humano y amable que había sido siempre mi apoyo en el aeropuerto donde trabajaba. "*No te preocupes, Lupita, vamos a luchar por tu hijo. Te conseguiré el mejor abogado*", me aseguró. Y así comenzó otra fase de mi incansable lucha por recuperar a mi niño.

Así que cuando me reuní con el abogado, estas fueron sus palabras. "*Mire, señora, ¿cuánto tiempo lleva su hijo con él?*", me preguntó. Le dije la verdad y su respuesta me golpeó como una tonelada de ladrillos: "*Mejor déjele el niño a él. Usted tiene que trabajar, él está más acostumbrado a estar con su padre*". Pero yo sabía que mi niño tampoco estaba realmente con él; sin embargo, el abogado insistió: "*Siga su vida, déjele el niño*".

Caí en otra depresión. Busqué ayuda profesional, y una psicóloga que al escuchar mi historia me dio una estrategia: "*Lo importante aquí es que su hijo sepa que usted está intentando verlo, aunque su padre lo impida*". Porque él era así, un hombre controlador y autoritario, incluso con sus otras hijas. "*Vaya a donde ellos viven, solo hágase ver por su hijo*", aconsejó la psicóloga.

Y así lo hice. Me escondía entre los autos estacionados cerca de donde ellos jugaban en las tardes. Sabía que la esposa actual tenía otras hijas y que solían salir a jugar.

Esperaba el momento y, cuando lo veía, gritaba su nombre discretamente: *"¡Aquí estoy, mi amor!"*. Mi hijo se volteaba, asustado al principio, pero luego aliviado. *"Solo quiero que sepas que vine a verte"*, le decía desde mi escondite, y me respondía enviándome besos al aire.

Pasé mucho tiempo en ese ritual, aferrada a esos instantes como si fueran gotas de agua en un desierto emocional. Y aunque cada visita era un bálsamo momentáneo para mi alma, cada despedida me sumía nuevamente en ese abismo de tristeza y añoranza.

El tiempo siguió su curso imparable. Un día, me armé de valor y tomé el teléfono. Empecé a comunicarme con su esposa actual, quien se convirtió en una especie de cómplice silenciosa en mi vida, un ángel en medio de la tormenta. *"No entiendo por qué te ha hecho tanto daño"*, decía. Yo tampoco lo entendía, pero estábamos unidas en ese misterio.

Así que empezó a "prestarme" a mi hijo en pequeñas dosis, regalándome momentos que contaba como segundos preciosos. Pero todo se derrumbó el día que él nos descubrió en un restaurante de comida china, celebrando el cumpleaños de mi niño. Aquella mujer enfrentó un infierno en su casa por haberme dado ese rato con mi hijo. Desde entonces, seguí escondiéndome en los carros para ver a mi niño.

Pasaron los años hasta que un día, al cumplir 18 años, mi hijo me llamó: "*Mamá, hoy tomo la decisión de irme a vivir contigo*". Nadie puede imaginar la emoción que sentí. "*Ahora sí, mamá, nadie me va a poder decir que no vaya a verle y que no me voy a vivir con usted. Venga a recogerme*", me dijo y salí corriendo por mi hijo. Desde ese día vivió conmigo. Pasamos por muchas cosas, incluso mudanzas a Estados Unidos, su carrera profesional, sus fines de semana conmigo. Y en todo ese tiempo, traté de llenarle de todo el amor que no pude darle antes.

Conversamos mucho sobre los años perdidos, esa ausencia que nadie podrá rellenar, pero encontramos consuelo en lo que construimos. Él creció y se convirtió en un hombre de carácter muy fuerte, como su padre, pero yo veo en él también mi resiliencia, mi amor. Nos hemos apoyado en diferentes momentos de nuestras vidas, incluso trabajando juntos en proyectos empresariales y en mis conferencias. Hemos viajado mucho, nos reímos, tomamos cursos juntos y hemos fortalecido esa relación de madre e hijo, pero lo que más importa es que somos una familia unida, él se lleva maravillosamente con mis otros cinco hijos.

¿Qué tuve que hacer para salir de todo ese dolor? ¿Qué recursos tuve que hacer primero?

Primero me lancé en **los brazos de Dios.** Con el corazón en la mano, le imploré: *"Dios mío, eres mi única salvación en este mar de dolor, guíame".*

Al buscar a Dios, una luz suave empezó a iluminar mi vida. Sí, cambió mi actitud. **Empecé a ver belleza donde antes solo había oscuridad.** Mi empatía, esa conexión humana tan fundamental, floreció como un árbol en primavera. Transformé mis acciones, una a una, con el amor divino como mi norte.

También necesitaba **ayuda mental.** Cada consulta con el psiquiatra era como reconstruir una pared de mi autoestima, esa autoestima que, desde pequeñita, forjé en la fragua de mi individualidad. Yo sabía, siempre lo supe, que era única, que era diferente.

Caí, es cierto, pero me levanté más fuerte. Recordé aquellos momentos de mi infancia, cuando miraba mi reflejo en un espejo roto y yo misma me decía que era bonita, que era fuerte. Ahí empezó mi reencuentro con lo que siempre fui en mi casita humilde.

Todo lo que viví de niña, cada risa y cada lágrima, se convirtió en una lección invaluable. Le di valor a mi ser, a mi esencia, y al regocijo de la simple existencia. En la suma de todas esas partes, encontré mi totalidad, encontré a 'Lupita'.

Así que **puse manos a la obra**: trabajé en mis resentimientos, mis corajes, mis odios. Decidí emprender nuevas cosas, alimentar mi espíritu con lecturas de superación personal y libros espirituales. Me rodeé de gente positiva y tomé decisiones audaces, sabiendo que era la única responsable de mi vida. Me convertí en **una mejor versión** de mí misma, una mejor hija y nieta, una mejor madre, una mejor hermana. Pero el cambio más profundo vino cuando comprendí que el valor más grande que tenemos es la vida misma.

Un día, en medio de esta introspección (algo de lo que te voy a hablar más adelante), me di cuenta del don precioso que es simplemente **estar viva**. En ese momento me arrodillé y le pedí perdón a Dios por haber intentado arrebatarme mi propia vida en el pasado. Agradecí por cada aliento, cada día, y por la oportunidad de ser una persona mejor. Y entendí que aunque algunas personas puedan intentar robarnos nuestros valores, nuestra dignidad y nuestra felicidad, nadie tiene el derecho de destruir nuestro regalo más grande: **la vida.** Y ese regalo, una vez que lo valoras en toda su plenitud, se convierte en el pilar que sostiene todo lo demás.

Desde entonces, he vivido en paz, con un renovado sentido de propósito y gratitud, fortalecida en mis valores y en mi amor propio. Y es este mismo propósito de vida renovado el que nos lleva también a crear cosas nuevas. En el siguiente capítulo te comento todo lo que puede hacer un corazón apasionado...

CAPÍTULO 4

LA FUNDACIÓN

Una de las iniciativas que me llenan de orgullo es nuestra fundación, el *Centro de Crecimiento Integral de la Familia Actual* (CCIFA). Nuestra misión es sencilla, pero profunda: fomentar el desarrollo integral de las familias en nuestras comunidades, fortaleciendo sus valores.

En CCIFA no nos limitamos a ofrecer charlas o eventos aislados; llevamos a cabo actividades integrales que abarcan desde mediaciones de justicia, asesorías, despensas de comida y recursos varios para la comunidad. Hemos organizado clínicas móviles y brigadas médicas. Cada proyecto está diseñado para sumar a nuestra misión de desarrollo integral, especialmente enfocado en las familias hispanas de nuestra comunidad.

Uno de nuestros proyectos más ambiciosos consiste en una serie de diez sesiones, que abordan desde el cambio de comportamiento individual hasta la solución de problemas comunitarios. Estas pláticas están diseñadas para fomentar el diálogo, la resolución positiva de conflictos y proveer herramientas para fortalecer los valores familiares.

Daniel Webster, un gran orador y político estadounidense, dijo una vez que si se le privara de todos sus talentos y pudiera elegir solo uno, optaría por **el poder del habla**. Y la razón es clara: la comunicación es la base de todo. Es la clave para resolver problemas, desde los más triviales hasta los más complejos.

Un ejemplo muy sencillo lo encuentro en las parejas que vienen a mí buscando orientación. Algunas mujeres me dicen: *"Lupita, mi esposo nunca me regala flores"*. Y yo siempre pregunto: *"¿Le has dicho que te gustan las flores?"*. A veces, la solución a nuestros problemas puede ser tan sencilla como una comunicación efectiva.

Y es precisamente esta comunicación efectiva y abierta lo que buscamos instaurar en las familias a través de CCIFA. Nuestro objetivo no es solo proveer servicios, sino crear

un cambio duradero que permita a cada individuo, y por ende a cada familia, vivir de forma más plena y feliz.

Al final del día, mi pasión por transformar vidas y mi labor en CCIFA se entrelazan perfectamente. Cada mediación exitosa, cada asesoría que da como resultado en familia más fuerte, cada despensa de comida que alivia un poco el estrés diario, son la razón de mi existencia y la chispa que me impulsa a seguir adelante.

CÓMO FUE LA HISTORIA
DE LA FUNDACIÓN

Querida lectora, permíteme compartirte algo muy personal. Si sientes el llamado de hacer tú también una fundación sin fines de lucro, aquí te dejo mi historia como inspiración. Desde niña, en lo más profundo de mi ser, sabía que mi camino era servir. Y me prometí, con el corazón desbordado de esperanza, que cuando fuera grande, lucharía por los niños de la calle, las mujeres en situaciones de violencia, y las personas atrapadas en adicciones. Así, crecí abrazando ese sueño poderoso de fundar una organización que sanara y amara.

En una ocasión, reuní a un grupo de diez mujeres para compartirles mi proyecto. Tenía el sueño de crear una organización que pudiera atender las necesidades de nuestra comunidad: niños que viven en la calle, mujeres violentadas y adictos. A primera vista, todo parecía ir bien. Sin embargo, tras nuestra reunión, algunas de esas mujeres empezaron a ridiculizar mi idea. Decían que estaba loca, que no hablaba inglés y que no tenía recursos para llevar a cabo tal proyecto. Incluso intentaron robar mi idea y empezar su propia cosa, aunque sin éxito.

Pero había una mujer en ese grupo que sí creyó en mí. Me dijo, "*Lupita, no escuches a las demás. Yo creo en tu sueño y quiero colaborar en tu proyecto*". Así comenzamos a trabajar juntas. Empecé a involucrarme como voluntaria en 29 organizaciones sin fines de lucro. Participé en radio apoyando maratones para niños con cáncer y colaboré con varios hospitales.

Como ya era conocida en mi rol de voluntaria y organizadora de eventos, la gente empezó a verme como alguien capaz. Se dieron cuenta de que yo podía hacer que las cosas sucedieran. Así fue como nació la Fundación CCIFA. A través de mi voluntariado, fui ganando el cariño y el respeto de la comunidad, y eso me abrió muchas puertas.

Gracias a Dios, tuve la oportunidad de recibir entrenamientos en diversos campos, desde tráfico humano hasta lecciones impartidas por el FBI y la DEA.

Trabajé con organizaciones gubernamentales porque sabía que necesitaba prepararme para fundar mi propia entidad. Participé con instituciones importantes y fui entrenada por las más reconocidas.

Mi esposo, un chef internacional, cubría los gastos de la oficina. No obstante, cuando la economía nos afectó, tuve que encontrar otras maneras de apoyar nuestra causa. Conté con el respaldo de Univisión Radio y de su directora de comunidad, Mery López-Gallo, que siempre me apoyaron. Grabábamos programas sobre violencia doméstica, justicia y derechos humanos. También formé un consejo de voluntarios y una junta directiva.

Si no fuera por gente como Marisa Ugarte, fundadora de una organización sin fines de lucro, poco habría sido posible. Ella me puso en contacto con los mejores abogados quienes me ayudaron a redactar los estatutos de mi fundación.

En esta travesía, también trabajé con mercados y restaurantes que contribuían con alimentos para los necesitados. Toda esta generosidad me emociona hasta el día de hoy. Agradezco a mi hija Griselda, quien un día nos dijo que en lugar de comprar una casa, sería mejor invertir en la comunidad. Así nació CCIFA: *Centro de Crecimiento Integral de la Familia Actual* donde, además, diseñamos talleres y conferencias en escuelas sobre **autoestima, valores y resolución de conflictos.**

Fundar una organización sin fines de lucro no es sencillo; es un trabajo que sale del corazón. Mi motivación siempre ha sido el servicio, nunca el interés económico. Agradezco a todos los que han sido parte de esta jornada, desde fiscales hasta jueces y psicólogos, quienes me han guiado y continúan haciéndolo.

Tuve que pausar CCIFA cuando a mi esposo le diagnosticaron cáncer. Pero mi labor comunitaria no se detuvo. Seguí sirviendo a mi comunidad de la mejor manera que pude, porque el deseo de ayudar nunca se apaga.

LOS OBSTÁCULOS Y DESAIRES

Por supuesto, comprenderás que también tuve muchos obstáculos. Y quiero que sepas algo: cuando sientes esa pasión ardiente, ese amor y esa entrega total por lo que anhelas hacer, nadie, escúchame bien, nadie puede decirte que no eres capaz.

Un día, Univisión Radio me extendió una invitación a una cena navideña que iluminó mi mundo. ¡Imagínate! Tuve el privilegio de estar en una mesa reservada por Univisión donde estaban invitadas personas muy destacadas y reconocidas en la comunidad. Tuve el privilegio de ser una de las invitadas de honor por ser colaboradora de Univisión Radio. Me sentí como en una nube, elegida para este evento, bendecida con este privilegio. ¡Ah, cómo vibraba mi corazón de alegría en esa cena festiva! Pero, como suele pasar, la vida tiene sus giros.

Una persona en el evento me dijo que quería presentarme a alguien, una figura clave que tenía el poder de financiar fundaciones. Este sería el trampolín para mi sueño, pensé. Y así fue cómo esa misma noche conseguí una cita con él.

Unos días después, fui conducida a su oficina acompañada por un traductor —pues mi inglés no era mi fuerte—. Este individuo estaba rodeado por un equipo de tres secretarias, señal de su estatus y poder.

Con un torbellino de emociones, desplegué mis proyectos, mi visión, mi alma ante él. Este hombre podía convertir mi fundación en una realidad. Le dije: "*Quiero fundar una organización sin fines de lucro para servir a mi comunidad*".

De muy mala manera se dirigió hacia la persona que me acompañaba. Con un tono que rozaba el desdén, dijo: "*¿Cómo se atreve ella siquiera a pensar en fundar una organización? Consíguele mejor un trabajito de promotora. No sabe inglés, no tiene los títulos académicos; es una falta de respeto que venga aquí a decir que quiere hacer una fundación*".

Su menosprecio me atravesó el alma, no te lo voy a ocultar. Sentí cómo las lágrimas asomaban a mis ojos, pero volteé muy firme y le dije: *"A usted lo voy a ver en cinco años, y verá que habré creado mi fundación. Porque eso lo determino yo, no usted"*. Recolecté mis proyectos con dignidad, le agradecí cortésmente por su tiempo, y me levanté de la silla, saliendo de esa oficina como quien sale de un campo de batalla.

No te miento, las lágrimas brotaron de mis ojos en un torrente incontenible. Mi amiga me regañó: *"No llores, eres una guerrera, eres fuerte, ¡tú puedes con esto!"*, pero el dolor de ser descartada, de ser menospreciada, empujaba mis lágrimas. Sin embargo, **me rehusé a ser derrotada**. Continué trabajando, día y noche, en mi comunidad. Realizaba mediaciones, atendía eventos; escuchaba ese llamado constante: *"Lupita, te necesitamos"*. Seguí y seguí, hasta que CCIFA obtuvo su estatus de organización sin fines de lucro, hasta que todos los permisos estuvieron en su lugar, hasta que mi sueño quedó respaldado por años de esfuerzo inquebrantable.

Entonces, un día, sucedió. Se organizó una competencia para honrar a las personas más destacadas en servicio comunitario. Y allí estaba yo, emergiendo no solo como una participante, sino como la número uno. El Canal 10 de televisión me otorgó un reconocimiento, la presea "Orgullo Hispano".

Canal 10 me entregó la condecoración de "Orgullo Hispano" en el salón comunitario que, gracias a la incansable María Elena Coronado, se había convertido en el corazón de mi fundación CCIFA. Ella, junto a innumerables ángeles en mi vida, como Mery López-Gallo de Univisión Radio, fueron las columnas que sostuvieron mi sueño. Definitivamente, no podría haberlo hecho sin ellas, y es mi deseo que sus nombres brillen en estas páginas.

Ese día recibí este galardón junto con mi familia y todos los voluntarios. Se trata de una distinción no solo a mi labor, sino al esfuerzo colectivo de todos los que creyeron en mí.

Después, como a los dos meses, me invitaron a un segundo evento de Televisa-Univisión Radio, para reconocer mi galardón de "Orgullo Hispano" ante otras fundaciones. Y ahí estaba: en el estrado, agradeciendo al público, con una pantalla detrás de mí, mostrando los logros y el impacto de CCIFA en la comunidad... cuando veo una figura conocida cruzando el umbral del salón. Era él, el hombre que años atrás me había despreciado y menospreciado.

La emoción me inundó. Agarré el micrófono con más fuerza y dije enfrente de todos: *"También quiero agradecer a esta persona"*, y pronuncié su nombre, *"por no haber creído en mí. Usted, con su incredulidad, me impulsó a llegar hasta aquí. Mire bien, aquí estoy, reconocida como 'Orgullo Hispano', no por mérito propio sino por el impacto real de mi fundación"*.

Le recordé nuestras palabras: *"Yo le dije a usted que yo lo veía en cinco años... pero no pasaron cinco, ¡pasaron dos años, nada más! Hace dos años que usted me humilló, me pisoteó, se rio, me menospreció, me dijo que yo no podía. Pues yo le quiero decir aquí con mi frente muy en alto que aquí está Lupita Castellón con una fundación* non profit, *gracias a mucha gente que sí creyó en mí y que sí me apoyó"*. Y me bajé del escenario.

Al final del evento él se acercó y me dijo: *"Lupita, quiero pedirte que me disculpes, me equivoqué y quiero ayudarte económicamente con tu fundación"*. Su tono era humilde y en verdad se veía apenado, pero mi respuesta fue firme: *"Muchas gracias por su atención, pero gracias a Dios ya tengo mucha gente apoyándome"*. No importa la manera como me trató, lo que importa es que eso me sirvió para alcanzar mis sueños y le agradezco su actitud porque eso fue lo que me impulsó.

Lectora, si tienes el deseo de crear una fundación,

déjame decirte que es un camino lleno de obstáculos, pero también de inmensas recompensas. No es una tarea fácil; se requiere mucho **esfuerzo, pasión y amor por la causa.** Sí, hay gente que quiere ser voluntaria, pero no todos tienen la posibilidad. Sin embargo, en mi caso, con CCIFA, me enfoqué en mi sueño, y gracias a muchas personas, pudimos ofrecer servicios comunitarios, apoyos y programas que impactaron la vida de miles.

Con CCIFA trabajé en numerosos frentes, desde traer brigadas médicas a Tijuana hasta atender problemas como el tráfico humano. Y siempre he estado ahí, al pie del cañón, acompañada no solo por mi familia, sino por un equipo de voluntarios y profesionales invaluables. Nombres como los doctores Silvana y Arturo Rohana, Jessie Navarro, Blanca Nieto, y muchos más, merecen ser resaltados, pues su apoyo ha sido fundamental para el éxito de la fundación.

También, he contado con el respaldo de abogados, psicólogos y otros profesionales que ofrecieron sus servicios de manera voluntaria. Y no puedo dejar de mencionar a esos grandes seres humanos fieles, siempre dispuestos a darlo todo por la causa. Por eso, en mi libro quisiera dedicar páginas enteras para agradecer a quienes hicieron posible que CCIFA sea lo que es hoy.

Crear una organización sin fines de lucro es un desafío que requiere valentía, compromiso y mucho amor. Este último es el combustible que te impulsará a seguir adelante, pase lo que pase. En CCIFA, todo se basó en investigaciones y diagnósticos que yo realizaba directamente en la comunidad. Por eso conocíamos a fondo sus necesidades y podíamos actuar en consecuencia.

Si tú, querida lectora, tienes también la aspiración de crear una fundación (en los Estados Unidos), puedo ofrecerte mi experiencia y asesoría. No te rindas, no dejes que las críticas o los obstáculos te detengan. Recuerda, el éxito es la realización progresiva de un sueño. Así que si tienes un sueño, persíguelo. Yo seguiré enamorada de mi fundación y serviré hasta el último día de mi vida porque, como siempre he dicho: *"El que no vive para servir, no sirve para vivir"*.

CAPÍTULO 5

LA BASE DE LA FAMILIA

Mira, hay una gran diferencia entre tener una "casa" y tener un "hogar".

Yo siempre les digo a las familias con las que trabajo: "*¿Qué es más importante, los ladrillos y el cemento de una casa o el calor, el amor y la unidad que se vive dentro?*". ¡Claro que es lo de adentro! ¡El hogar! Pero ¿qué pasa? Hay quienes compran unas mansiones, tremendos palacios, y para pagar eso, ¿sabes lo que hacen? Agarran hasta dos o tres trabajos tanto el papá como la mamá. Pero, ¡oh, sorpresa!, en ese afán de pagar la casa, olvidan el HOGAR.

Los primeros meses todo está muy bien: disfrutan de la alberca, de la sala, de los cuartos. Pero, ¡ay Dios!, tres meses después ya no tienen para el abono de la casa. Y ahí empieza el caos.

Los padres trabajando como mulas, los hijos en la guardería de seis de la mañana a seis de la tarde. ¿Y qué queda para la familia? ¿Para la pareja? Llegan a casa cansados, agobiados. Se sirven la cena, casi no se hablan y a dormir.

¡Eso no es vida!

Y en ese cansancio, en ese agobio, empiezan los problemas. Las peleas se vuelven más frecuentes, y lo que sigue es el divorcio. ¿Y los niños? ¿Qué pasa con ellos? Se convierten en visitas en otras casas donde sienten que les prestan más atención, donde sienten que los valoran más.

¿Te das cuenta? Perdemos el rumbo, perdemos el sentido de lo que es realmente importante: **el hogar**.

Entonces, ¿dónde nos perdimos? Nos perdemos en los problemas del divorcio, en las peleas por la custodia, en la pensión alimenticia. Nos perdemos en las preocupaciones materiales y olvidamos lo más importante: **la familia, el amor, la unidad**. ¿Por qué tenemos que trabajar para el hogar y no para la casa? La casa es material, sí. Pero el hogar, ese es **el corazón**, y eso es lo que realmente importa.

Esto es el corazón de este libro, las bases firmes de lo que significa tener un hogar. Y yo te lo digo porque lo he vivido, con cada fibra de mi ser, con cada lágrima y con cada sonrisa. Mi esposo y yo tuvimos casa, sí, pero más importante, construimos un hogar.

Imagina esto: todos los días, sin falta, nos sentábamos a la mesa para comer en familia. Mi esposo, que es un chef maravilloso, preparaba platillos que eran mucho más que comida; eran amor en forma de sabores y aromas. Nuestros hijos se sentaban con nosotros, y era como si el tiempo se detuviera.

Después de comer, él ayudaba con las tareas escolares mientras yo me lanzaba a mis labores de voluntariado. Más tarde, él se iba a entrenar fútbol con los niños, a ser no solo un entrenador, sino un guía para sus vidas.

Pero quiero que sepas algo más: no solo cuidábamos de nuestros hijos biológicos, adoptábamos a jóvenes que habían sido víctimas de violencia doméstica, de abandono, que se sentían perdidos y solos en este mundo tan grande y tan frío.

Los traíamos a nuestro hogar, y se convertían en parte de nuestra familia extendida.

Nos convertimos en padres adoptivos, o en 'Foster Parents' como se dice en inglés, y te puedo decir que fuimos reconocidos como el número uno en este ámbito. ¿Por qué te cuento esto? Porque sé de lo que hablo cuando te digo que un hogar es más que cuatro paredes.

Entonces, aquí está el meollo del asunto, la esencia de este libro: la importancia de reconocer el valor incalculable de un hogar, de ser conscientes de la belleza y el poder transformador de dar y recibir amor incondicional dentro de esas cuatro paredes que tú llamas 'casa'.

Mientras nos adentramos en el contenido de este libro, quiero que sientas en tu ser la resonancia de cada palabra, porque lo que viene a continuación es el fruto de mis años de aprendizaje, observación y profunda reflexión.

Los siete secretos que estoy a punto de compartir contigo no son simples consejos; son herramientas transformadoras que han iluminado y guiado a muchos hacia una vida de autenticidad y realización. Te invito a que te sumerjas en ellos con mente abierta y corazón dispuesto.

Prepárate, querida lectora, para descubrir estos secretos que te llevarán a niveles de vida y comprensión que quizás jamás imaginaste posibles.

Ahora, respiremos juntos y vayamos al primer secreto...

SERVICIO DE MENTORÍA 1-1

Ayudo a Familias Disfuncionales a Tener Paz y Fortaleza

Servicios

Sana Tu Matrimonio
Conecta Con Tus Hijos
Supera Tus Miedos
Crea Tu Negocio
Emprende Mejor

Contáctame

info@LupitaCastellon.com
www.LupitaCastellon.com

CAPÍTULO 6

SECRETO 1: LA AUTOESTIMA

Una de las experiencias que destaco en mi labor de psicoterapeuta y mentora, es el caso de Evelia. La conocí durante una de mis pláticas sobre ventas y mediación de justicia; una presentación a la que asistieron alrededor de 60 personas. Al finalizar la charla, Evelia se me acercó y me pidió una sesión de psicoterapia, inicialmente para su hijo. Sin embargo, cuando visité su hogar, descubrí que era ella quien en realidad buscaba la terapia y la mentoría.

Imagina una mujer inmersa en las redes de mercadeo, con un potencial que irradiaba, pero que estaba siendo opacado por su timidez y una autoestima frágil. Eso es lo que estaba pasando con Evelia. Al abrir su corazón, me confesó: *"Necesito mucha ayuda"*. Su sinceridad me conmovió y supe que juntas podríamos lograr maravillas.

Lo primero que hice fue un diagnóstico basado en una serie de entrevistas y pruebas. En mi cuaderno establecí un objetivo claro: *"Lograr que Evelia sea profesional en redes de mercadeo y se transforme como una ejecutiva profesional, con grandes resultados en su trabajo y desarrollo humano"*. La ruta trazada comprendía treinta sesiones semanales en las que profundizaríamos en aspectos fundamentales para su crecimiento.

Empezamos a trabajar en su autoestima. Le enseñé cómo la autoestima se nutre de cuatro componentes fundamentales: mente, cuerpo, emoción y conducta. Le expliqué que, al mejorar estos aspectos, no solo vería un cambio en su bienestar personal, sino que también se sentiría empoderada para abordar su negocio de una manera más efectiva y productiva.

Lo que más disfruté al trabajar con Evelia fue su compromiso con su propio desarrollo. Era una persona increíblemente organizada y metódica, lo cual era evidente en cómo anotaba cada detalle de lo que discutíamos.

Fijamos un proyecto de vida, establecimos metas a corto, mediano y largo plazo. Comenzó a abrirse más sobre las áreas específicas en las que deseaba mejorar. Quería saber cómo abrir nuevos mercados, cómo reclutar efectivamente, cómo mejorar sus técnicas de venta, y cómo manejar conflictos entre líderes en su equipo. Tomaba notas de todo lo que le decía y podía ver el progreso en su desempeño semana tras semana, desde cómo se expresaba hasta cómo enfrentaba sus miedos. Se notaba que tenía un genuino deseo de aprender y mejorar, lo cual para mí es la clave del éxito en cualquier programa de mentoría o terapia.

Entonces, llegó el día en que supe que Evelia estaba lista para dar el siguiente paso. "*Ya estás preparada*", le dije, y ella aceptó el desafío de organizar su propio evento. Fue un momento impresionante verla en el escenario, hablando con seguridad y pasión. Me llenó de orgullo ver cuánto había avanzado.

Con micrófono en mano y una sala llena de personas, Evelia tomó el escenario y dejó a todos asombrados. Nadie podía creer que la mujer que siempre se escondía en las sombras ahora brillara con luz propia en el escenario.

Al final de su charla, que fue todo un éxito, Evelia me brindó uno de los regalos más hermosos de mi carrera. Mi corazón se llenó de gratitud y emoción al escucharla decir: "*Detrás de mi transformación, está Lupita Castellón*". Esos momentos son los que reafirman porqué amo lo que hago.

Hoy, me complace decir que Evelia no solo ha consolidado su posición en las redes de mercadeo y encontrado éxito en otros emprendimientos, sino que también se encuentra en una relación amorosa sólida y plena. Se ve más feliz y más segura de sí misma que nunca. Cada vez que veo sus logros, siento un cálido orgullo y recuerdo nuestras sesiones, su evolución y la determinación con la que enfrentó cada reto.

Un día, vi algunas fotos de uno de sus eventos en las redes sociales y le envié un mensaje: *"Estoy tan orgullosa de ti, y me hace feliz ver cómo has evolucionado"*. Ella respondió que yo había sido crucial en su transformación, especialmente en el fortalecimiento de su autoestima.

La autoestima, como siempre insisto, se compone de varios factores: mente, cuerpo, emoción y conducta. Cuando uno logra equilibrar estos cuatro elementos, los resultados pueden ser extraordinarios. En mi vida, he tenido el privilegio de guiar a muchas personas hacia su mejor versión, pero historias como la de Evelia me recuerdan la magia de la transformación a través de la autoestima.

Así como con Evelia, y muchas otras mujeres increíbles con las que he trabajado, reafirmo mi misión de cambiar vidas, de ser ese faro de luz en el camino de quienes buscan redescubrirse y alcanzar sus sueños. La pasión por lo que hago se alimenta de estos momentos, y no hay recompensa mayor que ver el florecer de una vida transformada.

PARTE ESENCIAL
DEL SER HUMANO

La autoestima es una parte esencial del ser humano. Sin una autoestima fuerte, es fácil caer en depresión y en una serie de problemas emocionales. Por el contrario, una autoestima bien reforzada te ayuda a reconocer tu propio valor y a proyectarlo al mundo.

¿Por qué es tan poderoso tener una autoestima elevada? **Porque te impulsa a crear nuevas oportunidades**. Evelia es un perfecto ejemplo: se ha convertido en una mujer emprendedora y ha logrado una estabilidad en su vida. Subir la autoestima afecta positivamente todo lo que te rodea. Se manifiesta en tu mente, cuerpo, emociones y conducta. Cuando tienes ese amor propio, valoras lo que eres y lo que puedes ofrecer al mundo.

Pero al final del día, mi trabajo no es solo hablar de valores y autoestima; es ser un catalizador para que las personas descubran y activen su propio potencial. Todo esto me reafirma en mi misión y en el valor de lo que hago. Contribuir, aunque sea un poco, a que alguien alcance su máximo potencial, es un privilegio que no tiene precio.

Esa es la esencia de lo que intentamos lograr en CCIFA: un desarrollo integral para empoderar a las familias y a los individuos **para vivir de la manera más plena posible**.

Hoy, me enorgullece haber podido ayudar a tantas mujeres emprendedoras y madres solteras a encontrar la fuerza para estar con su familia y sus nietos. Esa es la esencia de mi vida: ayudar a las personas a **elevar su autoestima**, para que puedan, a su vez, inspirar a otros. No importa lo que hayas vivido; lo que realmente importa es que estás bien y que puedes mejorar.

CÓMO ELEVAR TU AUTOESTIMA EN UNA CRISIS EMOCIONAL

Lo primero que te recomendaría es **buscar espiritualidad**, ya sea a través de una conexión con Dios o cualquier fuente de inspiración que resuene contigo. Mantén una **actitud positiva** y practica **la empatía**. Si sientes que necesitas más apoyo, no dudes en buscar **ayuda profesional**, como un psicólogo, un psiquiatra o un psicoterapeuta.

Retroalimentarte a ti misma es crucial; **valora** lo que tienes y lo que eres. **Agradece** por tu familia, tus amigos y por todas las pequeñas cosas que hacen que la vida valga la pena. Reconoce que cada situación difícil es una **oportunidad para crecer y aprender**. No guardes rencor; aprende a **perdonar** y a no prejuzgar a los demás.

Si te encuentras con la autoestima baja, recuerda que no estás sola. **Busca el apoyo de otros** que puedan ayudarte a redescubrir tu valor. **Trabaja en ti misma**, deshazte de los sentimientos de ira y resentimiento, y abraza el cambio. Experimenta con **nuevas actividades o hábitos**; si cambias tu forma de actuar, tus resultados también cambiarán.

Lee libros que te desafíen y te hagan **crecer**. Asume la **responsabilidad** de tus acciones pasadas; si has permitido que otros te maltraten o si has tomado malas decisiones, comprende que puedes cambiar.

Pon **pasión y compromiso** en todo lo que haces. Eso es lo que hice, y me ha ayudado a ser mejor en cada aspecto de mi vida. Aprende a **valorarte y respetarte**. No olvides que **la vida** es el primer regalo que hemos recibido, y debemos aprovecharla **al máximo**.

Cuando tienes alta autoestima, te sientes segura y tomas decisiones firmes. Si tu autoestima es baja, te sentirás insegura, temerosa o incluso agresiva. Por eso, si estás pasando por una crisis emocional o psicológica, te digo: puedes superarla. **Si yo pude hacerlo, tú también puedes.**

Ahora, a mis sesenta y cinco años, puedo decir que

tengo una autoestima extremadamente alta. Y quiero que sepas que tú también puedes lograrlo. La mente no tiene sentido analítico; no sabe lo que es malo ni lo que es bueno, por eso hay que ponerle cosas buenas. Lo que pongas en tu mente es lo que atraerás. Así que al trabajar en tu autoestima, podrás transformar tu vida en lo que desees que sea.

Pero una autoestima sin el ingrediente del siguiente capítulo, no podrá traerte los resultados que estás buscando. Presta atención al siguiente secreto...

CAPÍTULO 7

SECRETO 2: LA COMUNICACIÓN

¿Por qué es tan importante la comunicación? Tal como lo dijo Daniel Webster, *"El poder del habla es quizás el más grande de todos los talentos, pues a través de la comunicación recuperamos todos los demás"*. Y te contaré por qué esto es tan cierto a través de una historia real que llegó a mi oficina.

Una joven señora vino a verme, pues me conocía como mediadora en resolución de conflictos. Llena de emoción y con lágrimas en sus ojos, empezó a contarme sobre su matrimonio. Era una relación joven, pero tensa debido a la prioridad que su esposo daba a su madre sobre ella. *"Lupita, ya no puedo más. Mi esposo se va directamente a la casa de su mamá después del trabajo, yo cocino y él ni siquiera llega a cenar. Le compró una lavadora a su madre mientras yo tengo que ir a la lavandería. Lo último fue que le compró un auto nuevo del año a su mamá, y yo sigo caminando"*, me dijo con un semblante de pura frustración y tristeza.

Le pregunté entonces, *"¿Y tú se lo has comunicado?"*, y su respuesta fue, *"¿Qué le comunico? Estoy enojada, todos los días discutimos por lo mismo. Siempre su mamá es más importante"*. Era evidente que estaba muy molesta, y justificadamente.

Entonces le dije, *"No te preocupes, vamos a trabajar en esto. La comunicación efectiva es la clave para resolver casi cualquier conflicto en la vida, y parece que eso es lo que ha estado faltando en tu matrimonio. Primero, necesitamos entender qué está pasando en la mente de tu esposo y por qué se está comportando de esta manera. Luego, debemos encontrar una forma de comunicar tus sentimientos y necesidades de manera que él pueda entender y atender"*.

Aquí hice una pausa, mirándola a los ojos para asegurarme de que ella entendía la importancia de lo que estábamos a punto de emprender. *"La comunicación no es solo hablar, sino también escuchar y comprender. Vamos a practicar esto y te ayudaré a construir una estrategia para abrir el canal de comunicación entre tú y tu esposo. No te prometo un milagro, pero si ambos están dispuestos a comunicarse y a hacer algunos cambios, hay una gran posibilidad de que puedan resolver estos problemas y encontrar un equilibrio en su relación".*

Entonces le dije, "*A veces uno tiene que hacer cambios, ¿verdad? A veces uno tiene que aprender a dialogar con su pareja. Quizás lo que les falta es un poco de comunicación efectiva".* Ella me respondió, "*Pues ya estoy harta".* Le propuse entonces, "*Okay, trabajemos contigo primero, pero prométeme que invitarás a tu esposo para que podamos hablar con él también. En la mediación en resolución de conflictos, lo ideal es hablar primero con cada parte por separado y luego reunirlos para encontrar un acuerdo positivo".*

Ella accedió, aunque no muy convencida. "*Está bien, pero lo dudo, porque yo ya quiero divorciarme",* me dijo. Le respondí, "*Si aún lo amas, ¿por qué no intentamos hacer pequeños cambios que puedan tener un gran impacto?".* Le pregunté directamente si todavía amaba a su esposo y me respondió que sí. Después de entender un poco más sobre su situación y sobre el trabajo de su esposo como soldador, le planteé una estrategia.

"Escucha, si aún lo quieres, ¿qué te parece si hacemos pequeños cambios? Mañana en la mañana, cuando le prepares su lonche, coloca una pequeña nota que diciendo: 'Te quiero mucho'. No digas nada, simplemente pon la nota en su lonche como si fuera otro día más. Además, compra un adorno con un pensamiento bonito y colócalo en un lugar donde él pueda verlo cuando llegue a casa. Sal de la casa para que no estés ahí cuando él llegue y vea la nota y el adorno".

Ella estuvo dispuesta a intentarlo. Al día siguiente, su esposo llegó a casa, vio el adorno y más tarde le agradeció. *"Gracias, me hiciste sentir muy bien. Sentí que me querías"*, le dijo.

Entonces, le pregunté a ella, *"¿Cuántas veces reconoces el trabajo duro de tu esposo? ¿Cuántas veces le haces sentir que es amado? Estás compitiendo con su madre, pero no deberías, porque tu lugar en su vida es único e insustituible. Eres su esposa, la madre de su familia, y representas el hogar. Si actúas con coraje todo el tiempo, no vas a lograr nada más que distanciamiento. Trata de tratarlo bien, haz pequeños cambios y verás cómo la dinámica entre ustedes comienza a cambiar".*

Estos pequeños gestos pueden abrir las puertas para una comunicación más efectiva y amorosa, lo cual es esencial para resolver conflictos y encontrar la armonía en cualquier relación. La clave está en la disposición para cambiar, para comunicarse y para entender al otro.

HABLANDO
CON LA CONTRAPARTE

Entonces, llegó el día en que él vino a hablar conmigo. Era una pareja relativamente joven. Le pregunté, "*¿Todavía amas a tu esposa?*", y me respondió, "*Sí, pero ella es una rebelde. No entiende que mi mamá es primero para mí*". Traté de hacerle entender que, aunque su mamá era importante, la comunicación con su esposa y sus hijos era crucial para mantener un matrimonio sano.

Le dije, "*Si estás dispuesto a divorciarte, adelante, pero si aún la quieres, lucha por tu matrimonio. Invítala a tomar un café y háblale sinceramente, pero en un tono que facilite la comunicación, no la confrontación*".

Siguió mi consejo, y en esa conversación con su esposa, ambos pudieron abrirse sinceramente. Él explicó que se sentía ignorado por ella, mientras que ella argumentó que se sentía desplazada por la madre de él. Ambos estaban en un punto de ruptura, pero después de esa conversación sincera, comenzaron a comprenderse mejor.

Finalmente, cuando llegó el día de firmar los papeles del divorcio, vinieron a verme otra vez. Los reuní, y les hice mirarse a los ojos. Les pregunté: "*¿por qué te enamoraste de ella?*", y "*¿por qué te enamoraste de él?*". Ambos comenzaron a llorar y se abrazaron. Decidieron no firmar los papeles del divorcio y me pidieron más orientación.

Les dije, "*Excelente, pero ahora necesitan ayuda profesional. Ve a un psicoterapeuta, lee libros sobre relaciones matrimoniales, habla con tu mamá y explícale la situación. Aprovecha otros recursos como retiros de parejas o incluso el apoyo de una comunidad religiosa, si eso resuena con ustedes*".

Siguiendo estos consejos, la pareja tomó medidas para mejorar su matrimonio. Fueron de vacaciones, invirtieron tiempo en reconectar, y comenzaron a valorar y agradecerse mutuamente. Él le compró un carro nuevo y electrodomésticos para la casa. Todo empezó a cambiar para mejor, todo por una razón: **la comunicación efectiva.**

La comunicación es **la base** de toda relación exitosa. Si no puedes decirle a tu pareja lo que te hace feliz y lo que te duele, nunca lograrás una comprensión mutua completa. Es solo a través de una comunicación abierta y honesta que podemos realmente entender y ser entendidos. Y esa fue la lección más grande que ambos aprendieron: para amar y ser amado, primero debes entender y ser entendido.

Si tú, querida lectora, crees que necesitas mejorar esta área en tu matrimonio, te recuerdo que puedes acceder GRATUITAMENTE a mi entrenamiento:

**"3 Secretos para dominar
la comunicación en pareja".**

En él, descubrirás más herramientas valiosas que complementarán este aprendizaje y fortalecerán las habilidades de comunicación con tu pareja. No dejes pasar esta oportunidad.

Obtén este obsequio ahora en:

www.LupitaCastellon.com/regalo

CAPÍTULO 8

SECRETO 3: VALORES

Los valores son cualidades por las que un individuo es estimado y aceptado, son la brújula que dirige el barco de nuestra vida. La integridad, la paciencia, la humildad, cualquiera que sea la pregunta, el amor es la respuesta y la humildad es la esencia de la grandeza. Pero no olvidemos el respeto, la fidelidad, la determinación, y tantos más que son las piedras angulares de una vida significativa.

Pero como todo tiene su opuesto, existen también los antivalores. ¿Te has preguntado alguna vez por qué a veces nos alejamos de los buenos valores? Quizás porque hay sombras en nuestras vidas, como el odio, la impaciencia y, sí, la apatía. Conozco esa apatía, la he sentido en carne propia. Tony, mi padre, un hombre excelente en tantos aspectos, me mostraba apatía, me negaba amor y entendimiento. La indiferencia, amigos, es un antivalor que erosiona el alma.

Es crucial tener claridad sobre nuestros valores y antivalores para cambiar el rumbo de nuestras vidas. Hazte esta pregunta: *¿Respeto mi propio ser?* Si la respuesta es 'no', ahí hay un antivalor. Pero si la respuesta es 'sí', entonces, estás fortaleciendo tus valores. No somos perfectos, mentimos, fallamos, pero en esos momentos críticos, nuestros valores deben ser el faro que nos guíe.

¿Sabes? Hubo un momento en mi vida en el que me cuestioné profundamente: "*¿Cómo puedo fortalecerme como ser humano?*". Y descubrí que la respuesta residía en hacer lo que ahora llamo *"retrospección interna"*. Imagínalo como sentarte a tomar un café contigo misma, frente a un espejo, mirándote directo a los ojos y sin espacio para falsedades. Es reconocer quién soy, aceptar cómo soy, identificar esos rincones que requieren más luz y, claro, abrazar mis valores y confrontar esos antivalores. Esta jornada interior es lo que me fortaleció como ser humano.

Al hacer esto entendí que, cuando busco y encuentro cualidades dentro de mí, como el respeto, el amor, la coherencia, la puntualidad, la solidaridad, la empatía, el compromiso, el liderazgo, etc., me doy cuenta de que soy **una persona con valores**. Muchos valores significativos ya los traemos dentro y no nos damos cuenta. Son los que nos fueron inculcados en nuestro hogar (y no en nuestra casa).

Te invito a calificarte en una escala del uno al diez en tus valores y antivalores. ¿Estás en cinco en paciencia? ¿Siete en empatía? Trabaja en esas áreas. Una sincera autoevaluación como esta me cambió la vida. Es una de las herramientas que utilicé para convertirme en una *mujer de fortaleza*.

Entender y abrazar tus valores es como tener una luz interna que guía cada paso que das. Pero igual de esencial es identificar esos antivalores que pueden desviarnos del camino: la falta de respeto, la falta de amor, la incoherencia, la impuntualidad, el egoísmo, la apatía, la falta de compromiso, la falta de liderazgo. Estos antivalores son lo opuesto a los valores que te estoy exponiendo. Por ello, te invito a ese diálogo silente, pero profundo contigo misma, esa *"retrospección interna"* que es como una travesía hacia tu interior, donde te reencuentras, te valoras y enciendes ese amor propio que ilumina y fortalece cada decisión en tu vida.

Esta autoevaluación es, en esencia, ese diálogo íntimo y constante donde nos preguntamos: *"¿Quién soy yo en realidad?"*. Al conocerme y entenderme, es donde distingo claramente mis valores y antivalores. A partir de ese entendimiento, florezco y me fortalezco como individuo. El viaje comienza siendo consciente del "ser", evoluciona hacia el "hacer", y culmina en el "tener". Observa cómo, muchas veces, ansiamos fervientemente el "tener", relegando el "ser" y "hacer" a un segundo plano. Pero recuerda, son esos valores, esas semillas sembradas desde el hogar, las que guían y nutren este proceso.

Un buen líder, por ejemplo, se reconoce por cómo **encarna y practica** sus valores. Las características de un buen líder son: conciencia, estrategia, solidaridad, creatividad, toma de decisiones y carácter. Un buen líder dice *"somos"*, *"vamos"*, *"tenemos"*, porque valora y reconoce el esfuerzo del equipo.

Un líder, verdaderamente impregnado de valores, sabe cuándo ha cometido un error y tiene el valor civil de admitirlo. Porque tiene el coraje de decir: *"yo fui, yo soy, yo me equivoqué"*. Reconoce ser responsable de sus propias decisiones y actos.

Si estás pasando por un tormento emocional, refuerza tus valores. Yo leí libros que alimentaron mi alma, busqué ayuda profesional y me sumergí en mi comunidad. Sí, mi comunidad, donde también enfrenté desafíos. Como presidenta de varias organizaciones comunitarias, hubo quien sintió envidia de mis logros. Incluso en una conferencia de prensa, esa envidia se hizo evidente frente a todos, pero yo, fortalecida en mis valores, resistí. Yo tenía una misión, un sueño: mi fundación. Y nada podría detenerme.

Querida lectora, la vida está llena de pruebas, pero si trabajamos en reforzar nuestros valores y desmantelar nuestros antivalores, el camino se hace más claro. Esa es la esencia de mi liderazgo y mi legado. Trabaja en tus **valores y antivalores**, y verás cómo tu vida se transforma en **una obra maestra** de resiliencia y amor.

Ahora que has fortalecido tus cimientos con valores que resuenan en cada paso que das, estás lista para abrir tu corazón a la llave que no solo transforma vidas, sino que las une en entendimiento mutuo. Te invito a avanzar hacia el siguiente capítulo, donde desvelaremos ese secreto sutil, pero poderoso que yace en la comprensión profunda de los que te rodean. Prepárate para explorar la fuerza que tiende puentes sobre abismos. Dale vuelta a la página. Permíteme mostrarte cómo ver el mundo a través de otros ojos puede ser el acto más revelador y sanador de todos.

CAPÍTULO 9

SECRETO 4: EMPATÍA

Si no tuviéramos amor, gratitud, gracia y lealtad, ¿qué seríamos?, ¿acaso una cáscara vacía? En este secreto, quiero revelarte algo muy íntimo. Soy una mujer que irradia amor; es un fuego que arde dentro de mí, inagotable, inquebrantable. Y es precisamente por ese amor que he sido criticada, ridiculizada y hasta lastimada.

Cuando anuncié mi intención de fundar CCIFA, una organización para ayudar a los necesitados, muchas personas se burlaron de mí. "*¿Una fundación, Lupita? ¿Tú?*", decían, entre risas y murmullos. Pero yo ya tenía esa pasión, ese amor por la humanidad que no podía ser extinguido por sus críticas. Ah, sí, como cualquier otro ser humano, tengo mis defectos, pero también poseo virtudes invaluables. Conozco mi valor; sé quién es Lupita Castellón. Y ese autoconocimiento me da un poder inmenso.

Por eso, querida lectora, no me afectan las palabras hirientes ni las miradas de menosprecio. Porque cuando tú sabes quién eres, cuando tienes claro lo que puedes hacer, eres invencible. Ahí está la importancia de la autoestima, que he promovido tanto en mis conferencias y en mi vida diaria. La autoestima te brinda esa armadura, esa fortaleza para enfrentar el mundo, y eres tú quien debe forjarla.

Déjame contarte una anécdota que me marcó profundamente. Estaba trabajando en la oficina de Rafael Rojas, un mentor muy reconocido que ha tenido un impacto significativo en mi vida. Un día, mientras estábamos sentados uno frente al otro, él me dijo: "*Lupita, la gente podrá robarte ideas, estrategias, incluso oportunidades. Pero hay algo que nunca podrán robarte: tu esencia, tu carácter, tu conocimiento. Eso es inquebrantable*".

Y así es. Mi autoestima no está al 100%, está al 500%. Porque desde niña me dedicaba a buscar frases inspiradoras en los periódicos, mensajes que alimentaran mi espíritu. A pesar de sentirme a veces 'fea por fuera', siempre supe que lo que realmente importa es lo 'bonita por dentro' que una es. Esa es mi esencia, lo que nadie me puede robar. Es el núcleo de Lupita Castellón, y es lo que me lleva adelante en esta travesía llamada vida.

Es verdad, siempre he sido una mujer apasionada. A pesar de mis circunstancias difíciles, de haberme criado huérfana y en las calles, he llegado a ocupar posiciones altas en empresas gracias a mi autoestima, a mi amor por servir, y a mi liderazgo. La gente a menudo no cree que alguien como yo, con un pasado tan complicado, pueda tener tanto amor en su corazón. Creo que la incredulidad es el escudo detrás del cual se ocultan aquellos que temen aceptar la bondad en el mundo.

Por supuesto, también he enfrentado obstáculos en mi trayecto, como el sabotaje y el robo de ideas en la Organización CCIFA. Ahí entra el valor de lo que aprendí de Robert Hollis, otro mentor formidable. *"La documentación mata la conversación"*, me decía. Desde entonces, empecé a documentar todo: contratos, propuestas, reconocimientos. Porque cuando tienes las pruebas, tu palabra gana peso.

¿Y qué me dices de mi amor por la palabra hablada? Si hubiera sido locutora, estoy segura de que habría arrasado en el primer lugar. Pero lo más hermoso es que encuentro en el lenguaje una herramienta para esparcir amor y positividad. **El amor** es la universidad más grande que existe; te enseña a comprender, a ser creativo, a tener empatía.

Ahora, hablando de empatía y de superar obstáculos, te quiero contar algo sobre mi intento de ser maestra. Estaba inscrita en *Western College*, y uno de los requisitos para ser maestra era pasar clases sobre violencia doméstica y demás temas, todos impartidos en inglés. Fue duro. Me sentía abrumada al punto de llorar y querer renunciar. Pero mi esposo siempre me apoyó, me decía: *"Tú puedes, échale ganas"*.

En uno de esos momentos de desesperación, me acerqué a mi maestra, Miss William, una mujer ya mayor, pero de carácter fuerte, para decirle que pensaba retirarme porque el inglés se me hacía un obstáculo insuperable. Ella me miró y me dijo: *"Tú te sientas ahí y me escuchas"*. Entonces me acuerdo tan bien que se dirigió a la clase y dijo: *"Pongan atención porque les voy a contar una historia"*.

Miss William me dejó completamente atónita. Aquí estaba esta mujer, quien no solo había sobrevivido a las adversidades extremas, sino que también había logrado algo fenomenal. Y entonces comenzó a hablar...

"Había una vez una persona que se vino de un pueblo de México, donde pasó hambre, frío, sufrió de todo para llegar a Estados Unidos en busca de algo mejor. Pero la cosa estuvo dura, ¿sabes? No sabía inglés, ni tenía estudios, ni papeles. Empezó trabajando como niñera, pero tuvo la mala suerte de toparse con patrones que la trataban muy mal. Uno de ellos hasta la quiso abusar. Por el miedo que le daba, se encerraba en el baño y dormía en la tina durante la noche.

Aguantó lo inimaginable. Estos patrones ni siquiera la dejaban comer. Tenía que buscar comida en los botes de basura de los vecinos. Pero algo en ella seguía resistiendo. Y justo cuando pensaba que ya no podía más, un vecino le ofreció otro trabajo. Se fue a otras casas, y ahí empezó su crecimiento. Escuchaba la radio y veía la tele, todo en inglés, para aprender el idioma, ya que no podía ir a la escuela.

Hasta que un día, llegó con una familia maravillosa. La quisieron mucho y le dieron la oportunidad de estudiar. Ya no hubo más abusos. Estudió, aprendió inglés, siguió con la universidad, se graduó, hizo un doctorado y llegó a ser una persona muy intelectual. Mandó dinero a su familia en México, sacándolos de la pobreza. Y lo más grande de todo: se hizo científica de la NASA y ayudó en el proyecto del Apolo 11".

Entonces, ¡ZAS! Golpeó mi mesabanco y dijo: *"¡Esa soy yo, aquí estoy!"* Todos nos quedamos impactados. Siempre me sentaba al frente y cuando Miss Williams golpeó mi mesabanco, se inclinó para decirme en la cara: *"¡No te permito renunciar, tú eres una gran líder!"*. En ese momento comprendí que no podía, ni debía, rendirme. Yo había llevado a un grupo de mujeres, todas queríamos ser maestras, y con eso entendí que no podíamos darnos por vencidas. Me regañó, sí, delante de todos, pero me hizo entender que si yo pude, todas podemos.

Ella había vivido de primera mano la violencia, el hambre, el abuso, y a pesar de todo eso, se había convertido en una persona altamente educada y respetada. Su historia fue un despertar para mí y para todo el grupo.

Siempre he estado en la lucha de empoderar a las mujeres. Le dije a mi grupo, *"Muchachas, no nos vamos a rendir. Aunque las clases son 'bilingües', todas sabemos que no es así. Nos apoyaremos unas a otras"*. Y eso hicimos. Tomé firmas de todas para tener un papel que demostrara nuestra determinación.

Con ese documento en mano, fui directamente a la dirección del colegio y le dije a la secretaria, *"Necesito una cita con el señor Zazueta, y no me moveré de aquí hasta obtenerla. Lo que tengo que discutir es vital para nuestra comunidad"*. Finalmente, accedió a darme una cita.

Días después, allí estaba yo, de pie frente al director. *"Mucho gusto, soy Lupita Castellón. Gracias por recibirme"*, dije, estrechando su mano. Le expliqué todo: mi sueño de trabajar para mi comunidad, la necesidad de tener clases en español, y cómo un grupo de madres — solteras, divorciadas y viudas— queríamos ser maestras y líderes en nuestra comunidad. *"Aquí tiene las firmas que prueban nuestra necesidad"*, le mostré el papel firmado.

Le miré a los ojos y añadí, *"Si hace esto, usted ganará mucho más que nuestro respeto. Publicaremos en los periódicos que, gracias a usted, tenemos clases y prácticas en español"*. Y, ¿saben qué? Lo logré. Hoy, las clases en español en *Southwestern College* son una realidad gracias a la inspiración inicial de Miss William y a este valor y amor por mi comunidad que nunca he perdido.

De la misma forma en que fundé un parque y una escuela, también me convertí en un "Orgullo Hispano" de Univisión. Incluso llegué a obtener una beca en la Casa Blanca. Y cuando paso por esos lugares —mi parque, mi escuela—, no puedo evitar que las lágrimas broten al ver juventud y ancianos disfrutando del espacio.

Le dije al señor Tapia, que era el máximo responsable de la ciudad, *"Necesitamos un kiosco, un lugar para asados y un campo de fútbol para mantener a nuestros jóvenes sanos"*. Mi esposo, que se formó como coach para lidiar con jóvenes en situaciones de violencia doméstica, y yo trabajamos incansablemente para hacerlo realidad.

En la escuela, fui la primera madre que creyó en el sueño del director, el señor Ramírez. Todos lo ignoraban porque era muy joven. Pero levanté la mano y le dije: *"Yo creo en su sueño y lo voy a apoyar"*. Sus ojos se llenaron de lágrimas. Porque aunque todavía no había materializado mi propio sueño, ya sabía cuál era.

Me arremangué y empecé a llamar a otros padres. Fui casa por casa, entrevistando a cada uno. De ahí salió la investigación para mi manual *Aprendiendo a Vivir con Valores*. Me tildaron de loca, se rieron de mí, pero yo nunca perdí de vista lo que quería.

Así que, cuando miro atrás, veo el legado tangible que he dejado. Un legado que va más allá de mí, que ha tocado las vidas de toda una comunidad. Por eso, puedo decir con certeza que he vivido de acuerdo con mis sueños y mis valores, y que, en el proceso, he logrado cambiar un pequeño rincón del mundo. Y eso, queridas, es más gratificante que cualquier premio o reconocimiento que pueda recibir.

CÓMO SER MÁS EMPÁTICA

En efecto, **la empatía** es una de las habilidades más fundamentales que podemos cultivar, no solo para entender a los demás, sino también para enriquecer nuestras propias vidas. En el caso que nos ocupa, el de una familia enfrentando las dificultades de la adicción, la empatía se vuelve doblemente crucial. No se trata solo de entender el sufrimiento del hijo adicto, sino también de que él pueda percibir **que se le comprende y apoya**, que no está solo en su lucha.

Cuando logras ponerte en los zapatos del otro, te vuelves más vulnerable, pero también más humana, más completa. Te abres a nuevas perspectivas y experiencias que, en última instancia, pueden ser enormemente enriquecedoras. Esa es la magia de la empatía; no solo transforma al que recibe, sino también al que da.

Para aquellos que buscan aprender a ser más empáticos en el desafiante contexto de tener un hijo con adicciones, aquí hay algunos consejos:

Escucha activa: A menudo, la primera forma de demostrar empatía es escuchar, y no solo oír. Escucha lo que la otra persona está diciendo, siente lo que está sintiendo y comprende lo que está viviendo.

Evita juzgar: La empatía no se trata de encontrar una solución rápida al problema del otro. Se trata más de entender su mundo y cómo se siente en él. Así que evita juzgar y abrirte a comprender.

Haz preguntas: Puedes demostrar interés y preocupación haciéndole preguntas a tu hijo sobre cómo se siente y qué está pasando en su vida. Pero hazlo de una forma abierta y no inquisitiva.

Practica la paciencia: La empatía también requiere paciencia. A veces, la otra persona no está lista para abrirse o actuar inmediatamente. Entiende que cada persona tiene su tiempo y espacio para cambiar.

Comunicación no verbal: A menudo, las señales más poderosas que podemos enviar no vienen de nuestras palabras, sino de nuestro lenguaje corporal, de nuestro tono de voz y de nuestra disposición a estar presentes.

Cultiva la autocompasión: Ser empático con los demás también requiere que seamos capaces de ser compasivos con nosotros mismos. La autocompasión nos permite enfrentar nuestras propias imperfecciones y fallos, lo que a su vez nos hace más capaces de aceptar las imperfecciones y fallos de los demás.

Así que, querida lectora, si te encuentras enfrentando una situación difícil en tu matrimonio, en tu familia, con tu esposo o tus hijos, te invito a **practicar la empatía.** Es un camino hacia la comprensión mutua, la armonía y, en última instancia, la curación.

Recordemos que la empatía no es solo una palabra de moda o un concepto abstracto; es una práctica diaria que puede transformar vidas, tanto la tuya como la de aquellos a quienes amas.

Con la empatía ya sembrada en tu corazón, estás a punto de cruzar el puente hacia una destreza que cambiará tu vida. Deja que la empatía ilumine tu camino mientras te adentras en el próximo capítulo, donde te revelaré cómo las diferencias, en lugar de separarnos, pueden ser el terreno fértil para el crecimiento y la comprensión mutua.

Estás a un paso de descubrir cómo convertir cada desafío en una oportunidad para fortalecer tus relaciones y tu espíritu. Voltea la página y abrázate al poder transformador donde todos los involucrados estarán más unidos y fuertes.

CAPÍTULO 10

SECRETO 5: RESOLUCIÓN DE CONFLICTOS

Cuando era pequeña, cuidaba al hijo de mis padrinos, que son muy especiales para mí. Este niño, que al crecer se sumió en las adicciones, era muy querido por todos nosotros. A pesar de que sus padres trabajaban incansablemente y siempre estaban allí para él, con el paso del tiempo se volvió una persona rebelde y conflictiva. Sus padres lo internaron en varios centros de rehabilitación, pero volvía a caer en el mismo ambiente, una y otra vez.

Pero ahora, años después, puedo decir con mucho orgullo que este joven se ha recuperado. Se casó, tiene hijos y una familia, y lo que es más importante, ha logrado alejarse de las adicciones que lo asediaban. ¿Cómo lo logró? Empezó a asistir a *Narcóticos Anónimos*, a retiros espirituales, y también se acercó más a Dios. Ahora no falta a sus sesiones y ha empezado, incluso, a dar charlas motivacionales a jóvenes en situaciones similares.

Lo vi nervioso antes de una de esas charlas, y le dije: "*Abre tu corazón, cuenta tu historia. Serás un testimonio viviente de que sí se puede cambiar*". Y eso hizo. Lo último que supe, es que estaba planeando visitar centros juveniles **para compartir su historia** y darles a los jóvenes en conflicto una chispa de esperanza.

Ahora, veo cómo cuida a sus padres, que ya son mayores, y cómo vive su vida de una manera completamente diferente. Es un claro ejemplo de que el amor y la lealtad pueden impulsar a una persona a dejar atrás su pasado oscuro. Él no solo encontró los recursos para superar sus dificultades, sino que hizo el compromiso personal de seguir adelante, sin mirar atrás.

Eso es lo más bonito de todo: ver cómo alguien puede superar los conflictos más profundos y reconstruir una vida desde el amor y la gratitud. Es una satisfacción enorme para mí, especialmente porque lo conozco desde que era un bebé. Mi madrina, la madre de este joven, ha sido como una segunda mamá para mí, y compartir esta historia de superación nos ha unido aún más como familia.

Por eso siempre digo que, no importa lo difícil que puedan parecer los conflictos de la vida, siempre hay una salida. Lo más importante es no dejar de luchar, porque los recursos están allí; lo que necesitamos es el compromiso y el valor para aprovecharlos. Y este joven es la prueba viviente de que sí se puede, y eso me hace sentir inmensamente orgullosa. Ahora goza de una vida plena, rodeado de amor y gratitud, y eso para mí es la mejor recompensa.

CONSEJOS A PADRES
EN SITUACIÓN SIMILAR

Si tú, querida lectora, te encuentras en una situación similar con tu hijo, lo primero que debes hacer es dejar de buscar culpables y empezar a buscar soluciones. Es fácil quedarse atrapado en un ciclo de culpa y remordimiento, pero eso no solucionará el problema. A continuación, te comparto algunos consejos que podrían ser útiles en esta situación.

Atención y presencia: Lo primero que debes hacer es asegurarte de que, como padres, **estén presentes en la vida de su hijo**. A veces nos preocupamos más por las cosas materiales y descuidamos las necesidades emocionales de nuestros hijos. Ese vacío puede ser peligroso. Cuando trabajamos para tener una casa bonita descuidamos a los hijos y cuando los padres no llenan ese vacío, **es muy**

común obtener estos resultados. A la falta de atención y presencia para nuestros hijos, ellos se sienten solos, se sienten abandonados.

Busca ayuda profesional: Si notas cambios físicos o de comportamiento en tu hijo, busca **ayuda profesional** inmediatamente. No esperes a que el problema se agrave. La intervención temprana es crucial para un tratamiento exitoso.

Centros de rehabilitación y apoyo espiritual: Trata de llevar a tu hijo a un centro de rehabilitación y, si es posible, **acércalo más a Dios** o a una estructura espiritual que pueda darle un nuevo enfoque a su vida.

Empatía y comprensión: Intenta entender lo que tu hijo está pasando. No lo juzgues; trata de **comprenderlo.** Es fácil caer en la tentación de culpar al adicto, pero la adicción es una enfermedad que necesita tratamiento, **no juicio.**

Negociación y límites: Si tu hijo se resiste a recibir tratamiento, necesitarás negociar. Esto debe hacerse con empatía, pero también con firmeza. Es un equilibrio delicado pero necesario.

Amor y confianza: Tal vez lo más importante es darle a tu hijo un voto de confianza y **mucho amor.** Cuando una persona está atrapada en el ciclo de la adicción, a menudo se siente como si hubiera perdido toda la confianza y el apoyo de los que le rodean. Oír un simple *"creo en ti"* puede hacer toda la diferencia en su camino hacia la recuperación.

Recuerda que **cada caso es único,** pero estos consejos generales pueden ofrecer un buen punto de partida. Enfrentar la adicción de un ser querido es un proceso largo y difícil, que requiere mucho amor, paciencia y apoyo. No estás sola en esto; hay recursos y comunidades que pueden ayudarte a ti y a tu familia a encontrar un camino hacia la recuperación. La clave está en no perder la esperanza y en actuar a tiempo. Tu **amor y apoyo** pueden ser el catalizador que tu hijo necesita para dar ese primer paso crucial hacia una vida mejor.

Prepárate para descubrir un **poder transformador** en el próximo capítulo. Estamos a punto de sumergirnos en un viaje hacia el corazón del Secreto #6. Algo que podría ser la chispa que encienda un cambio positivo en tu vida y la de tus seres queridos. No te detengas...

CAPÍTULO 11

SECRETO 6: AGRADECIMIENTO

El agradecimiento es una virtud que a menudo se pasa por alto, pero en mi experiencia con CCIFA, puedo decir que se trata de un pilar fundamental. Agradecer no es solo un acto de cortesía, es un reconocimiento sincero del esfuerzo y la dedicación que otros han puesto en un proyecto o en tu vida. Cuando eres agradecida, de alguna manera estás honrando la contribución de esas personas a tu camino.

Ser agradecida tiene el poder de abrirte muchas puertas. Cuando las personas ven que actúas de manera desinteresada y agradecida, están más inclinadas a ofrecer su apoyo.

En estos tiempos, no todos entienden el valor del

agradecimiento; a veces por ignorancia o simplemente por desinterés. Pero la gratitud te permite ver, más allá de ti misma, y reconocer el papel crucial de otros en tu vida y en tus logros.

No solo eso, el agradecimiento te aporta una tranquilidad emocional única, una seguridad que viene de saber que no estás sola en tu camino. Saber que hay personas que comparten tu visión y que están dispuestas a caminar junto a ti es invaluable. Y cuando agradeces, no solo estás abriendo puertas, sino que estás fortaleciendo los lazos del corazón.

Podría pasar horas hablando de la importancia de la gratitud, porque el primer regalo y el primer agradecimiento de la vida es la vida misma. El ser agradecida te hace una mujer con mucho amor.

"Pero ¿cómo puedo ser agradecida si mi esposo me está maltratando?", quizá alguien se preguntará.

Entender cómo ser agradecida en situaciones de maltrato o violencia doméstica es un tema sumamente delicado y complicado. No se puede ni se debe agradecer el maltrato ni el abuso bajo ninguna circunstancia. Es crucial distinguir entre las acciones y cualidades de una persona que merecen reconocimiento y las que simplemente son inaceptables.

Si te encuentras en una situación de violencia doméstica, lo primero es buscar ayuda profesional y el apoyo de seres queridos. Sin embargo, si estás en un punto en el cual un diálogo aún es posible, puedes intentar comunicarte de forma efectiva con tu esposo o pareja.

Eso no significa que estés agradeciendo el maltrato, sino que estás intentando abrir un canal de comunicación para abordar los problemas.

Es fundamental ser buena comunicadora en esos momentos, y esto implica saber escuchar y también expresar tus propios sentimientos sin agresión. Si el ambiente se torna propicio para una conversación sincera, puedes señalar las cosas que aprecias de la otra persona, pero también debes ser claro sobre lo que no estás dispuesta a tolerar.

La comunicación en estos casos es ardua y emocionalmente desgastante, pero si hay algo que puede ser rescatable en la relación, la comunicación efectiva podría ser un primer paso. No obstante, si la situación no mejora o si hay un patrón continuo de abuso, es crucial tomar medidas para protegerse, incluso si eso significa alejarse de la persona que te está dañando.

Es muy difícil tratar estos temas, especialmente porque involucran emociones profundamente arraigadas y patrones de comportamiento que muchas veces son difíciles de romper. Pero es crucial recordar que el agradecimiento no es aplicable en contextos de abuso o maltrato. En tales situaciones, lo que prevalece es la necesidad de protegerse y buscar bienestar, tanto físico como emocional.

La autoestima y el amor propio son fundamentales para no tolerar abusos. No tienes por qué aguantar que otra persona te insulte o te maltrate. Tienes derecho a vivir una vida llena de respeto y dignidad.

En situaciones difíciles, tienes que estar dispuesta a escuchar, aunque no estés de acuerdo. A veces, es difícil abrirse a otras perspectivas, especialmente cuando sientes que tienes la razón, pero aquí es donde entra la empatía y el entendimiento. No podemos vivir en un mundo donde todos piensan igual, y para ser sincero, eso sería muy aburrido.

Ahora bien, si tienes un problema, ya sea en tu relación o con alguna otra situación, es fundamental que busques ayuda. No estamos solos en este mundo, y muchas veces necesitamos de otros para encontrar soluciones.

Si te encuentras en una circunstancia complicada, acude a tu iglesia, habla con tu pastor. También puedes buscar ayuda profesional, como un psicólogo o un mediador de justicia.

Estos profesionales están entrenados para ser neutrales y te pueden proporcionar herramientas para lidiar con tus problemas. No tienes que hacerlo sola. A veces un café y una buena conversación pueden abrir puertas que parecían cerradas.

Ahora bien, recuerda que la felicidad y la gratitud están en ti. No tienes que buscarlas en el exterior, ya que cada una de nosotras tiene la capacidad de crear su propia realidad. Es como Dios o como el aire; aunque no lo veas, puedes sentirlo en tu corazón. La felicidad está ahí, solo tienes que saber cómo acceder a ella.

Te animo, querida lectora, a que luches por tus sueños, igual como yo luché por mi fundación. No te quedes atrás pensando en lo que podría haber sido.

Busca ayuda si la necesitas, porque hay mucha ayuda disponible. Hay muchas personas que estamos dispuestas a trabajar para satisfacer las necesidades de las familias y de los hogares.

Estamos llegando a la cúspide de nuestro viaje juntas. Te invito a dar un paso más hacia la plenitud que te mereces. La gratitud abre puertas, sí, pero el secreto final que compartiré contigo en el próximo capítulo, es el que cimentará tu transformación y resplandecerá tu verdadero valor.

CAPÍTULO 12

SECRETO 7: EL RECONOCIMIENTO

En el contexto de problemas familiares, el reconocimiento puede ser una herramienta muy poderosa. Te voy a compartir mi punto de vista, porque es algo muy serio. Imagínate que tienes un hijo adolescente que se está portando mal. Puede ser difícil reconocer algo bueno en su comportamiento, ¿verdad? Pero ahí está el truco.

Lo primero que debemos hacer es entender por qué se está comportando mal. Aquí es donde entra el diálogo abierto. Como mamá, tienes que estar dispuesta a escuchar, a abrir ese canal de comunicación. Si yo tengo un hijo que se está portando mal, lo primero que hago es sentarme frente a él y decirle: "*Mijo, últimamente te he notado un poco desorientado, ¿qué está pasando? ¿Tienes problemas en la escuela?"* Aquí es donde, como madre, le doy la confianza para que se abra y hable.

Mira, soy de carácter fuerte, pero en estos casos, bajo el tono de mi voz. Lo miro a los ojos y le digo: *"Quiero saber cómo te sientes, qué está pasando"*. Y aquí viene lo más importante: el reconocimiento. Le digo: *"Yo creo en ti"*. Con esas palabras, le estoy dando la confianza que necesita para saber que, a pesar de sus errores o mal comportamiento, tiene **el potencial para cambiar y mejorar**. Estoy reconociendo sus capacidades y fortalezas, incluso **si están ocultas** detrás de un mal comportamiento.

Este acto de reconocer no es solo para los hijos; también aplica a las relaciones de pareja, a los amigos, y a cualquier persona con la que tengas una relación significativa. Cuando reconoces las cualidades y esfuerzos de los demás, creas un ambiente donde la **confianza y el amor** pueden florecer. Y te digo, cuando hay confianza y amor, los problemas se vuelven más manejables.

Si ves que tu hijo se está portando mal, yo te sugiero que primero tengas ese diálogo. Bajas tu tonalidad de voz, le haces ver que confías en él, para que él te pueda decir sus cosas. Porque, créeme, donde hay confianza, la gente se abre. A lo mejor te va a empezar a platicar: "*No, pues un compañero me dio algo, una bebida, o algo*" o "*No me siento bien*" o "*Terminé con mi novia*". Lo escuchas, ¿verdad? Pues bien, él ya te va a decir.

Ahora, ¿qué pasa si no te quiere decir nada, y sigue callado? Tú tienes que ser lo suficientemente astuta para hacer que él abra su corazón y te diga lo que pasa. Entonces, lo abrazas, lo reconoces, y le empiezas a decir: "*Mira, hijo, yo reconozco que tú eres un buen hijo. Reconozco que Dios te dio la vida a través de mí, reconozco que tienes muchas habilidades y cualidades, etc.*".

Solo ámalo.

LA VÍCTIMA
DEL HURACÁN KATRINA

Voy a relatarte la emotiva historia de un brasileño de color, muy alto y muy guapo, que llegó aquí a San Diego tras ser víctima del devastador huracán Katrina. Este hombre se encontraba en un momento tan oscuro de su vida que andaba vagando en las calles con pensamientos de suicidio.

Un día, se cruzó en la calle con un desconocido a quien le pidió un cigarro. Al darle el cigarro, esta persona vio que estaba bañado en llanto y le preguntó por qué estaba llorando, y el brasileño le dijo: *"Este es mi último cigarro en la vida. Después de esto me voy a suicidar, ya no hallo la salida"*. Entonces le compartió su desesperanza, revelando que había perdido todo a causa del huracán, incluso había dejado a su hija discapacitada al cuidado de un tercero. Sentía que había llegado a un callejón sin salida.

El desconocido, con una mezcla de compasión y firmeza, le dijo: "*No, no, no, no pienses de esa manera. Yo puedo y quiero ayudarte. Conozco a alguien que puede hacer algo por ti*". A pesar de ser de noche, este buen samaritano lo subió a su camioneta, le ofreció su propia chamarra para abrigarlo y lo llevó frente al edificio donde yo trabajaba. "*Ahí, busca mañana a Lupita Castellón; cuéntale todo lo que te está pasando. Ella sabrá cómo ayudarte*", le aseguró.

Pero el brasileño le dijo: "*No tengo dónde dormir esta noche… estoy en la calle*". El desconocido, con un gesto de alivio, le explicó: "*Mira, por aquí hay unos tráilers que se estacionan cada noche. Al día siguiente se los llevan, pero puedes pasar la noche en uno de ellos. En la caja del tráiler estarás resguardado*". Así fue cómo pasó la noche.

Al día siguiente, apenas abrían las puertas de mi oficina, llegó este hombre a buscarme. Yo aún no había llegado, pero mis secretarias ya estaban ahí, preparándose para empezar el día. Una de ellas, Yoly, me llamó: "*Lupita, hay un señor aquí, muy insistente. Se ve en mal estado y dice que necesita hablar contigo de inmediato*".

Le respondí: *"Yoly, hazme un favor. Estoy a unos 20 minutos de llegar, pero mientras tanto, dale de comer algo. Sabes que siempre tenemos platos preparados en el congelador por las despensas que damos".* En el comedor de nuestro edificio, que era bastante amplio y agradable —un edificio del Estado que nos cedían gratuitamente— Yoly hizo lo que le pedí. Sacó un plato de comida, lo calentó y lo llevó al comedor.

"Siéntate con él y entreténlo en lo que yo llego", le pedí a Yoly.

Yoly estuvo escuchando la historia de este señor y le dijo algo más: *"Fíjese que yo tuve un sueño"*, le dijo él. *"Yo soñé que la señora Lupita es chaparrita, de pelo cortito y como que anda mala de un pie"*. En eso yo iba llegando y alcancé a escuchar lo que decía. Me quedé parada en la puerta, asombrada, pues en esos días, yo estaba cojeando debido a un problema en el talón. Al escuchar eso, no pude evitar sentir escalofríos.

Cuando dije *"Buenos días"*, se volteó, me miró y sus ojos brillaron: *"¡Ay, ella es! ¡Yo la soñé!"* El impacto emocional de ese instante me dejó sin palabras. Pero le extendí mi mano y atiné a decir solamente: *"Bienvenido, mucho gusto"*. Sus ojos se llenaron de lágrimas mientras empezaba a repetir su historia, la misma que ya le había contado a mi secretaria Yoly. "*No te preocupes*", le aseguré, "*Te voy a ayudar. Pero no pienses en suicidarte, prométemelo. ¡La vida es muy bonita!*".

Aunque su español era imperfecto —había vivido, no recuerdo bien si en Miami— nos entendimos con mi "inglés playero". Este hombre, grandote y moreno, me contó que había sido futbolista profesional en Brasil, incluso había sido entrenador.

"*Okay, ven conmigo*", le indiqué. Lo guié a mi oficina y le ofrecí un asiento. "*Yoly, ¿podrías traerle un café o lo que desee tomar?*", pedí. Mientras Yoly preparaba el café, aproveché para hacer una llamada. Tengo el contacto de un hotel en San Ysidro donde suelen alojar a personas en situaciones complicadas sin cobrarles renta. Hablé con la hija de la dueña del hotel, una mujer siempre dispuesta a ayudar.

"*Mijita, tengo un caso urgente*", le dije con mi voz temblando. Le expliqué brevemente la situación y ella no dudó: "*Sí, Lupita, tráelo. Le daremos tres meses gratis mientras se acomoda*". Colgué el teléfono y le comuniqué la noticia al brasileño, quien rompió a llorar.

"Pero antes de llevarte, espera un momento", le indiqué mientras hacía otra llamada. Me contacté con otra organización que proporciona ropa a los necesitados. *"Necesito ropa de talla 2XL, quizás 3XL; camisetas, pantalones, lo que puedas"*, pedí. *"Claro Lupita, te prepararemos una bolsa"*, me respondieron.

Le di instrucciones a Yoly: *"Prepara latas de atún, galletas y cosas que él pueda abrir y comer fácilmente. Hazle una despensa bien surtida"*. También decidí comprarle cigarrillos, pues noté que fumaba mucho.

Finalmente, mi esposo y yo lo llevamos al hotel en San Ysidro. Presenté al señor a la administradora, quien le asignó una habitación. También le llevamos la ropa y la comida que habíamos recopilado para él.

"Ahora todo depende de ti", le dije al despedirnos. Le entregamos *tokens* para el transporte público, para que no tuviera que preocuparse por el costo del transporte.

En esos días, me encontraba sumida en múltiples obras benéficas, inmersa en mi labor de ayudar a los demás. Los meses pasaron como una ráfaga de viento, sin noticias de él, hasta que un día me llamaron desde la recepción:

"Lupita, hay alguien aquí que quiere hablar contigo". Mi corazón se aceleró. Por lo general, cuando alguien me buscaba, era para tratar algo de los casos de mediación de Justicia. *"Voy enseguida"*, respondí.

Salí de mi oficina y me dirigí a la recepción, era un pasillo bastante largo para llegar hasta allá. Mientras caminaba me preguntaba *"¿Quién me buscará?"*. Al llegar, lo vi. Ahí estaba, de pie, irreconocible. Era el brasileño, pero esta vez estaba totalmente renovado, transformado. Venía portando una elegante corbata y su traje bien cortado. Cuando le vi, no podía creerlo; era él, pero era otro. *"Lupita, ¿puedo abrazarte?"*, me preguntó con una sonrisa que iluminaba su rostro. *"Por supuesto"*, le respondí. Ya te imaginarás, él estaba bien grandotote… y yo pues… le llegaba, yo creo que a la cintura, pero aun así, me abrazó con mucho afecto.

"Ven, quiero mostrarte algo", me dijo. Salimos al estacionamiento y allí estaba: una camioneta blanca enorme, cargada de verduras frescas. *"Ya soy un empresario, Lupita. Este es mi negocio y estoy a punto de traer a mi hija, que necesita cuidados especiales, para vivir aquí conmigo".*

Las palabras casi se quedaron atascadas en mi garganta. Recordaba aquel día en que llegó a mi oficina, desesperado y al borde del abismo, destruido. Hablamos en privado, y durante esa conversación, había tratado de infundirle algo de esperanza y fortaleza emocional. Y aquí estaba ahora, delante de mí, un hombre transformado, lleno de vida y de éxito.

"Lo lograste", le dije, mis ojos también llenos de lágrimas. *"Y quiero que sepas algo. Lo más importante es que tú decidiste seguir adelante, a pesar del dolor y la depresión. Tu vida es un testimonio de la resiliencia humana"*.

Él asintió, su mirada llena de entendimiento y gratitud. *"Sí, Lupita. Y nunca habría llegado aquí sin tu ayuda. Gracias por creer en mí cuando ni yo mismo lo hacía"*.

A medida que se alejaba en su camioneta, llena de verduras y de sueños, supe que había cumplido mi misión, no solo como trabajadora social, sino como ser humano. A través de la desesperación y el dolor, él había encontrado un nuevo comienzo, y yo había tenido el privilegio de ser parte de ese viaje.

El dar reconocimiento a alguien, aun cuando esté en el fondo del abismo, es más que solo ver el éxito potencial;

es ver el esfuerzo detrás de cada lucha, el valor de cada intento, y la importancia de cada mano que ayuda. Él reconoció su potencial, yo reconocí su humanidad, y ambos reconocimos el poder del apoyo y la empatía para cambiar vidas. La vida nos pone **pruebas**, y cómo las enfrentamos es crucial, pero el reconocimiento del esfuerzo y la transformación es lo que completa el círculo. Algo que nos da la fortaleza para seguir adelante.

EL ACTO DE RECONOCER

Reconocer no es solo un acto de ver, sino un acto de amar. Reconocer a tu hijo por sus talentos y habilidades es ver el mundo de posibilidades que tiene ante sí. Yo vi en aquel hombre un potencial inmenso, un ser humano con tanto por ofrecer que no podía permitir que se perdiera en la oscuridad. Él era más que un padre para su hija inválida; era un maestro, un líder, un ejemplo a seguir. Entonces, lo impulsé a verlo en sí mismo, y el resultado fue transformador.

Ahora, antes de sentarte con tu hijo para hablar, toma una hoja y un lápiz. Haz una lista de sus talentos, de sus habilidades, de todo lo bueno que ves en él. Y sí, yo sé, es más fácil centrarse en lo malo, pero te prometo, te garantizo, que tu hijo tiene más bien que mal en su ser.

¿Tu hijo habla? Eso es comunicación. ¿Escucha? Eso es empatía. ¿Tiene sentido de la vida? Eso es tener metas y ambiciones. ¿Va a la escuela? Eso es dedicación. Si sientes que tu hijo es un rebelde, piensa en las veces que ha mostrado obediencia. ¿Es organizado? Aunque sea en pequeñas cosas, eso cuenta. ¿Tiene fortaleza? En deportes, en actividades, en su forma de enfrentar desafíos, eso cuenta. Haz la lista y verás cuánto bien hay en él.

Y ahora, fíjate en sus pasiones. ¿Le gusta la música, la pintura, los deportes, la ciencia? Eso te dirá mucho sobre su potencial, sobre su camino en la vida. Escribe esos talentos, esas habilidades y cualidades. Ponlo todo en esa hoja. No te limites; más es más en este caso.

Una vez que tengas esa lista, te será más fácil dialogar con tu hijo, reconocerle su valía y orientarlo en la dirección correcta. Y más importante aún, le estarás dando el regalo más valioso de todos: el reconocimiento, el sentimiento de ser visto y valorado, el pilar para construir una vida significativa.

¿Sabes lo que le dije a aquel hombre? Que la vida es bella, pero solo si tú la ves así. Pues bien, haz que tu hijo vea la belleza en su propia vida, y al hacerlo, encontrarás la belleza en la tuya.

Ahora pasemos a lo "malo" que ves en tu hijo. ¿Es rebelde? ¿Es grosero? ¿Es flojo? Bueno, ¿y qué? Pongo "malo" entre comillas porque lo que consideramos como malo a veces es solo una etapa, un aprendizaje, un camino para convertirse **en alguien mejor**. Ahora, pon esas listas lado a lado, y te vas a dar cuenta de que las cosas buenas superan con creces, las malas. Pero, ¡qué duro es!, lo sé. Reconocer es difícil, sobre todo si no sabemos negociar.

Yo te voy a contar cómo lo hacía yo con mi hijo, el que ahora es militar. A él no le gustaba para nada aspirar, y a mí me interesaba que sacara la basura. Entonces, le ponía dos opciones: "*Mijo, ¿me sacas la basura o prefieres aspirar?*". Ya sabía que iba a escoger sacar la basura, ¡y era precisamente lo que yo quería!

Así que, mi estimada lectora, aprender a negociar con un adolescente no es tarea fácil, pero no es imposible. Por ejemplo, si su papá los va a llevar al juego el domingo y a tu hijo le encanta ir, puedes decir: "*¿Qué prefieres, hijo? ¿Ir al juego el domingo o hacer esto?*", y verás cómo rápidamente él se inclinará por lo que realmente quiere.

La negociación es una herramienta poderosa, pero más poderoso es dar **reconocimiento**. Si aprendemos a reconocer las cualidades y talentos de nuestros hijos, si les mostramos que los vemos tal como son y lo valoramos, entonces negociar se convierte en un acto mucho más sencillo y lleno de amor.

CAPÍTULO 13

¿EN QUÉ MOMENTO DE MI VIDA PERDÍ MI REALIDAD EXISTENTE?

El objetivo de este capítulo es comprender que:

No me sirve de nada tener conocimiento si estoy perdida de mi realidad existente.

Cuántas veces te pierdes y no te das cuenta. Yo duré más de dos años en una depresión, ¡y no lo sabía! Estando en una situación así se pierde la misión, la visión, el objetivo y se desenfoca totalmente.

Sin ser consciente, muchas veces dejé mi identidad por complacer a otras personas que me hicieron tanto daño, ya sea psicológico o emocional. Y, claro, pues, ¡porque yo lo permití! Poco a poco me fui reprimiendo de mis habilidades, mis talentos, de esos talentos que Dios me dio, por quedarme callada, solo para que los demás no se sintieran mal. Siendo una persona de valores y de amar a los demás, poco a poco perdí el entusiasmo, un entusiasmo que me caracterizaba donde quiera que iba; perdí mi magia, mi carisma, la pasión de lo que hacía, dejé de servir a los demás.

Y me di cuenta de que, cuando hablaba de mis logros, a otros les molestaba. No a todos les gustaba, pero yo lo hacía para motivar a otras personas, compartiendo historias, resultados y éxitos. Claro, hay personas que nunca han hecho nada en sus vidas y nos critican porque nos hemos atrevido a dejar un legado, porque hemos recorrido una trayectoria de muchos años.

El éxito nadie lo perdona. Servir a los demás tiene un precio. El éxito es la realización progresiva de un sueño. Pero te encuentras con gente que te esconde, que les molesta tu participación, tus habilidades. Percibes que quizás no tienen corazón; los domina la envidia, el celo. No tienen quizás la capacidad de ser diferentes.

Cuando tienes la conciencia de que todo lo que has pasado, tú lo has permitido siempre, te menosprecias.

Te das cuenta de que estabas perdida en el dolor, en la tristeza, sin ganas de nada.

Pero todo ese dolor que he vivido, fue solo para crecer como un ser humano con más fuerza. **Hoy soy en verdad una mujer de fortaleza.**

¿Y qué me ocasionó ese dolor? ¿Qué me hizo sentir tristeza, desánimo, silencio, desamor, dolor en el alma, depresión, desesperación y dolor físico? ¿Cómo actué como alguien "normal" para apoyar a otras personas que estaban perdidas? No hay palabras para expresar lo que se siente en el corazón al reconocer todo lo que se ha sufrido, al reconocer que perdí, sin saber, mi realidad existente. Ahora, con determinación, he decidido no volver a permitir que me menosprecien.

Y, ¿por qué? Porque como tú, soy un ser extraordinario, único y lleno de amor, amor a lo que hago; estoy llena de valores, de gratitud, de fe, de seguridad, de seguridad en mí misma. Hoy es el primer día de mi nueva vida y no le tengo miedo a nada ni a nadie.

Pero, ¿en qué me refugié? ¿Qué fue lo que tomé como refugio en el dolor? En la comida, en la tristeza, en la negación, en el cigarro, en el juego compulsivo, en la conmiseración, en la inseguridad, en el miedo, la flojera, el coraje, la monotonía, la enfermedad, la enfermedad del alma, la mentira, las deudas, la ansiedad. En eso me refugié.

Entonces, ¿qué perdí? Perdí el respeto a mí misma, la dignidad, el tiempo, la misión, la visión, el objetivo, el enfoque, los sueños, las metas, las relaciones amistosas, la conciencia. ¡Toqué fondo! El carácter, la autoestima, el liderazgo, la pasión, el entusiasmo, la acción, la persistencia, el presente, el ánimo, las creencias. Eso fue lo que perdí.

¿Por qué? Porque no me di valor y no me tuve respeto, porque tuve miedo a la crítica, para que no hablaran mal de mí, por no hacer sentir mal a otras personas, por no reconocer que tenía algo diferente a los demás, por miedo a la inseguridad, por permitir que me abusaran, por miedo a lo desconocido, por no salir de mi zona de confort, por no tener amor propio, por no aceptar mis limitaciones, por no reconocer mis habilidades, por falta de responsabilidad, por falta de compromiso.

Hoy, mi responsabilidad, ¿cuál es? Me hago responsable de lo que hasta hoy he vivido, pues los demás no tienen la culpa de nada. Nadie me obligó a hacer nada. Yo tomé mis propias decisiones, buenas o malas, y he pagado yo mis propias consecuencias, las de mis actos, algunos quizás por cobardía, ignorancia o comodidad. Y de todos los resultados, solo yo soy responsable. Y por eso mismo, me doy cuenta de que hoy soy parte de una nueva vida, con total responsabilidad y coherencia en lo que hago y digo.

¿Cómo brota de nuevo mi vida entre las sombras? Comienza con un profundo análisis de mi ser, ¿quién soy yo verdaderamente? ¿En qué fallé? Necesito tomar responsabilidad de esos actos y verme con valor, alguien a quien no se le puede poner un precio. El perdón hacia mí misma se vuelve la caricia que alivia las heridas del pasado, liberando mi carácter y revelando mi verdadera identidad. Entro en un profundo estado de conciencia donde cada parte de mí que muere, resurge con más fuerza y claridad. Y paso a la acción masiva, aceptando y reconociendo que ese proceso que viví fue solo para crecer como persona; una mujer con una gran misión en esta vida, empoderada, ya limpia de todo para resurgir mi misión, para seguir ayudando y empoderando a mujeres.

Y muy importante, ¿en qué voy a trabajar? En siete áreas de equilibrio: espiritual, emocional, social, económica, relaciones de pareja, relaciones familiares, y perdón. Una vez que trabaje en cada una de esas áreas de equilibrio, me podré dar cuenta en dónde necesito trabajar más.

Pero debo trabajar más en la séptima área, **la más importante de todas**: el área del perdón, el perdón de mí misma, desde el fondo de mi corazón.

Desde este momento y para siempre, me perdono por no haber tomado responsabilidad de mis hechos y mis acciones. Ya no soy culpable.

Desde el día de hoy, soy una *mujer de fortaleza*.

CONCLUSIÓN

Recuerdo una tarde, sentada en el porche de la casa de mi abuelita, mientras ella tejía y yo escuchaba atentamente sus sabias palabras. Ella decía: *"Lupita, la familia es como este tejido, cada hilo representa un valor, una lección, un secreto"*.

A lo largo de los años, he descubierto la verdad detrás de sus palabras y he compartido con ustedes estos hilos que construyen relaciones fuertes y amorosas.

Vamos a recordar ahora lo que hemos compartido. Aquí tienes un pequeño resumen de mis siete secretos:

- **SECRETO 1: Autoestima.** Quererte a ti misma es la chispa que enciende el amor sincero hacia los demás.
- **SECRETO 2: Comunicación:** Hablar desde el

corazón y escuchar con el alma fortalece los lazos que unen nuestras vidas.

- **SECRETO 3: Valores:** Son como el faro que guía nuestro barco familiar, iluminando el rumbo correcto incluso en las noches más oscuras.

- **SECRETO 4: Empatía:** Al mirar con los ojos del otro, sentimos sus alegrías y penas como si fueran propias, y eso es el verdadero amor.

- **SECRETO 5: Resolución de conflictos:** Las diferencias son oportunidades disfrazadas para crecer juntos y fortalecer nuestra unidad.

- **SECRETO 6: Agradecimiento:** Celebrar cada bendición, por pequeña que sea, llena nuestro hogar de alegría y abundancia.

- **SECRETO 7: Reconocimiento:** Ver y valorar el brillo único de cada miembro de la familia es el regalo más precioso que podemos dar.

Con estos secretos, estoy segura de que ahora llevarás en tu corazón las herramientas para hacer frente a cualquier desafío en tus relaciones. Piensa en un futuro en el que las risas sean la música de tu hogar, en el que cada charla con tus seres queridos sea una puerta a un lazo más fuerte. Imagina esas reuniones familiares llenas de alegría y cariño. Ese futuro está aquí, a un paso, esperando por ti.

Gracias de corazón por compartir este viaje conmigo. Gracias por darme la oportunidad de compartir contigo en este libro.

Ahora, con amor y entusiasmo, te digo: ¡Adelante! Pon en práctica todo lo que hemos conversado y deja que el amor florezca.

LUPITA CASTELLÓN

PD: No te detengas aquí. Te invito a que sigas caminando a mi lado yendo a ver mi minicurso gratuito titulado:

**"3 Secretos Para Dominar
La Comunicación En Pareja"**

Un entrenamiento en vídeo donde aprenderás a mejorar tus habilidades de comunicación en pareja, promoviendo relaciones saludables y satisfactorias.

Este es el enlace: www.LupitaCastellon.com/regalo

Lupita Castellón es psicoterapeuta, coach, conferencista, emprendedora y autora *bestseller*. Es también fundadora de la organización sin fines de lucro CIFFA, fundación que apoya a familias disfuncionales a encontrar paz y fortaleza. Su destreza como mediadora de justicia en resolución de conflictos le ha otorgado reconocimiento en la comunidad.

Honrada como "Orgullo Hispano" por Televisa-Univisión Radio y reconocida por su liderazgo en la Casa Blanca, Lupita es una sobreviviente de cáncer y una destacada defensora de los derechos humanos. Con dos licencias internacionales en Psicoterapia, su activismo se extiende a escuelas, hospitales, cárceles y más.

Su capacidad de liderazgo también se refleja como asesora en fundaciones, representante en juntas consejeras y mentora en proyectos comunitarios, participando en múltiples programas de radio, prensa y televisión. Su espíritu altruista resalta al ser voluntaria en más de 29 organizaciones sin fines de lucro.

Como defensora en violencia doméstica, Lupita se ha esforzado en rescatar víctimas, ofreciendo consejería en centros de rehabilitación y trabajando con niños de la calle y mujeres afectadas.

También, su éxito ha sido notorio dentro de las redes de mercadeo, alcanzando un Triple Diamante Internacional.

Nacida en Tijuana, Baja California Norte y ahora residente en San Diego, California, disfruta de la lectura, la cocina y viajar. Se deleita en la compañía de su familia, valora la limpieza y el orden, y es apasionada por el desarrollo humano. Además, gusta de compartir con amigas, disfrutar de la presencia de su esposo, ir de compras y escribir.

LUPITA CASTELLÓN

BIO

MUJER DE FORTALEZA

¡Gracias por leer!
Esperamos que hayas disfrutado de este libro

Lupita Castellón lee cada comentario publicado en su página de Amazon.

Le agradeceríamos que compartiera su opinión acerca de esta obra, pues así ayudará a otros lectores a tomar sus propias decisiones para invertir su propio tiempo y recursos en este contenido.

Dos cosas antes de que deje su comentario:

Primero, pedimos solo comentarios francos, que reflejen el verdadero impacto que este libro causó en usted.

Segundo, que estos comentarios sean prácticos con la intención de ayudar a otros a tomar sus propias decisiones.

Así que, si usted ha disfrutado este libro y quiere notificar a la autora, así como a los futuros lectores acerca de sus impresiones, puede dejar su comentario y sus estrellas yendo en este momento a la página de Amazon.

Simplemente, busque en Amazon el nombre del autor o el nombre de este libro.

Con gratitud,

Editorial Misión

SERVICIO DE
MENTORÍA 1-1

Ayudo a Familias
Disfuncionales a Tener
Paz y Fortaleza

Servicios

Sana Tu Matrimonio
Conecta Con Tus Hijos
Supera Tus Miedos
Crea Tu Negocio
Emprende Mejor

Contáctame

info@LupitaCastellon.com
www.LupitaCastellon.com

CONFERENCIA

AUTOESTIMA
TOTAL

Empresas
Fundaciones
Escuelas
Recursos Humanos

- Eleva Tu Confianza
- Fortalece Tu Identidad
- Mejora Tus Relaciones
- Autorealízate
- Aumenta tu Resiliencia

CONTACTO

✉ info@LupitaCastellon.com

🌐 www.LupitaCastellon.com

www.ingramcontent.com/pod-product-compliance
Lightning Source LLC
LaVergne TN
LVHW050420090426
835513LV00037BA/2181